U0066907

兩岸和平發展研究系列

剝復之間

——兩岸核心問題探索

張亞中／著

臺灣大學政治學系兩岸暨區域統合研究中心
 兩岸統合學會
Chinese Integration Association
出版

目　錄

為兩岸關係起卦／郭偉峰　3

立言以尋正理，力行以探正路／張亞中　7

1 現有史觀問題之探索／27

2 建構共同體史觀之探索／51

3 共同體史觀之呈現／71

4 史觀、論述與兩岸和平協議／93

5 獨台的危機／113

6 異化的九二共識／137

7 異化的史觀與認同／157

8 對開啟和平協議本質的認識／179

9 德國統一經驗的反思／193

10 和平發展期的兩岸政治定位與路徑／215

11 從中華文化解開兩岸核心問題的糾葛／237

為兩岸關係起卦

郭偉峰
中國評論通訊社社長

亞中兄結集出版新作《剝復之間——兩岸核心問題探索》，他又來命令我寫一個叫「序」的東西。因為他的新作中很多文章刊載於《中國評論》月刊，我比其他人要先讀到他的文字，先一步獲得精神的愉悅，所以要付出代價，他的命令是不容推辭的。我只能竭力為文，力所不逮，貽笑大家。

很驚訝的是亞中兄以《易經》的剝卦與復卦來作書名，並為序之開篇。剝卦是《易經》中的第二十三卦，本卦是異卦相疊（坤下艮上）。本卦上卦為艮，艮為山，下卦為坤，坤為地。高山屹立於大地，風雨侵蝕，山石剝落。警戒君王提防小人與政，侵淩君子，剝蝕國家，所以卦名曰剝。復卦是《易經》中的第二十四卦，本卦為異卦相疊（震下坤上）。復卦外卦為坤，坤為陰為順，內卦為震，震為陽為動。內陽外陰，循序運動，往返無窮，所以卦名曰復。復卦一陽在下，五陰在上，由剝卦發展而來，體現了剝極必復的自然規律。

認真想一想，剝卦與復卦之間的關係，就是一個辯證法規律的關係。我們知道，辯證法三大規律，即對立統一規律、量變質變規律、否定之否定規律，這在哲學上普遍性達到極限程度。這是黑格爾在《邏輯學》中首先闡述出來的，恩格斯則將

它從《邏輯學》中總結和提煉出來。

再深入思考，剝卦與復卦、辯證法三大規律，又與兩岸關係的內部規律息息相關。剝者，兩岸關係風雨侵蝕、基礎剝落。復者，兩岸關係循序運動、衰極必盛。至於對立統一規律，恰恰表明兩岸關係的內部矛盾是兩岸關係發展變化的源泉、動力。而量變質變規律，則表現在兩岸關係發展必須首先從量變開始，最後引起質變。否定之否定規律，則揭示了兩岸關係發展是前進性和曲折性的統一。再透過「1+1」的哲學論證，可得出辯證運算式，把握否定之否定規律具有兩個層次的否定關係這一特點。

根據這樣的思路，重讀亞中兄的《剝復之間──兩岸核心問題探索》的各篇文章，當可以發現，書中滲透了作者心血結晶，書中的論述縝密嚴實，書中的結論鏗鏘有力，書中的思想火花飛揚。

在兩岸關係和平發展理論框架的構建中，以社會實踐為主，同時熟練運用政治學、國際關係學以及東西方哲學的理論大家是罕見的，亞中兄是當然的佼佼者。我個人認為，沒有這樣的學術功力，是很難尋找兩岸關係的核心問題真相的，更難提出跨越歷史障礙、具有領先時代高度的解決問題的理論體系。在此，用起卦的原理來比喻也很貼切。須知，宇宙世界萬物之間均存在著偶然和必然的聯繫，古人的哲學觀認為世界萬物均可以起卦。然而，要有起卦的功力談何容易！為兩岸關係起卦，需要的是勇氣，更加需要智慧。亞中兄在這兩個方面，當仁不讓。

通讀書中的文章，對第十一篇文章〈從中華文化解開兩岸核心問題的糾葛〉，我是情有獨鍾的，對文章的論述與觀點，

很是認同。必須知道,解開兩岸關係重大矛盾的鑰匙很多把,但是,最後一把一定是中華文化。亞中兄說:「此文從中華文化出發,提醒兩岸中華文化為何會有『大一統』的傳統與認識,而沒有對『獨立』或『分離』的鼓勵。那是因為在中華文化傳統上,『一統』並非僅有政治上的意義,更多的是文化的內涵。中國歷史一向對能夠守住中華文化給予高度肯定,而反對文化傳承的分裂。」我認為,這個結論,是禁得起推敲與考驗的。這個結論,是本書的畫龍點睛之處。

其實,我們都知道,《周易》分為《易經》和《易傳》兩部分。《易經》傳說是周文王所作,《易傳》傳說是孔子寫成的。兩個都代表了上古賢哲的社會政治思想,《周易》十分強調國家的統一,反對分散割據。在這一思想指導下,中國幾千年來保持一統山河,各民族團結和睦。所以,不管《周易》卦象有多少,如何變通,其一統思想是永恆不變的中華民族生存法則。讀懂了這一點,易經大師非此人莫屬!

所以,亞中兄從《易經》的剝卦與復卦為起點,透視兩岸關係無法剝離、必然復興的辯證規律,以及提出順應潮流、積極有為的兩岸統合之策。如此起卦,實乃大師也!

立言以尋正理，力行以探正路

張亞中

　　《易經》有著中華文化傳統的智慧。剝卦的「剝」，即剝落、侵蝕之意。剝卦上卦為艮，艮為山，下卦為坤，坤為地。高山屹立，風雨侵蝕，山石剝落。復卦的「復」，乃恢復、再生之意。復卦上卦為坤，坤為地，下卦為震，震為雷。陰陽去而復返，萬物得以生生不息。

　　成住壞空、物極必反，均乃自然界的法則。當剝落已極時，必有否極泰來、轉危為安之機。惟其恢復應當在過失尚未嚴重之前，及時反省，審時度勢，謹慎行動，不可執迷不悟、重蹈覆轍，否則積重難返，終將大亡。

　　剝落時期，石沙齊滾，人云亦云，眾口鑠金，積非成是。轉復時期，真理力弱，道理不明，成敗未定，吉凶難料。此時若不點一燈，暗室如何光明；不架一橋，焉能安心過河；不種一苗，黃土如何能成良田。盡己之心、擇善固執、堅守理念、拒絕共業，為轉復添一契機，應為大時代知識分子的責任。

　　2008 年馬英九總統執政以後，兩岸關係大幅開展，人員與經貿交流頻繁，為兩岸和平發展奠定了基礎。惟另一趨勢卻是，兩岸認同並非未因兩岸關係改善而有拉近，反而是愈來愈遠。

　　兩岸問題的核心是什麼？一言以蔽之，「認同」！

　　兩岸統合學會成立時，即以聚合並深化兩岸認同為職志。我們認為，缺少認同的兩岸，就像缺少大樹盤根，只有砂石的大山，根基脆弱，一遇大雨或遭不當掘取，即快速剝落。如要防止土石流的肆虐，唯有為大山廣植善苗，復剝補危，強固根基，除此之外，斷無速成或簡易方法。

　　不同的認同，產生不同的史觀，自然會有不同的論述，也因而形成不同的政策。同樣的，認同、史觀、論述、政策的順序也可以反轉互動，或交錯地相互影響。因此，如果要解決認同問題，也必須要從史觀、論述、政策等三方面同時著手，方能修補兩岸認同長期的剝落。

　　2010 年 3-5 月間出版了《統合方略》、《一中同表或一中各表》、《兩岸政治定位探索》等三本書以後，即開始撰寫有關兩岸核心問題的著作。我還是採取《兩岸統合論》一書的寫作方式，即先有整體構想，但依據時事的發展，有計畫的撰寫本書。所有文章均相繼在《中國評論》月刊發表。

　　本書希望對兩岸核心問題做一深入的探索。第一篇〈現有史觀問題之探索〉（《中國評論》，2010 年 11 月號，總第 155 期），對目前存在於兩岸的各類史觀，包括「民族史觀、內戰史觀、分治史觀、台獨史觀、分離史觀、獨台史觀、偏安史觀」等等進行了比較與分析，並陳述這些史觀變遷的政治原因，以助讀者可以清楚地瞭解目前這些史觀的問題出在哪裡。

　　第二篇是〈建構共同體史觀之探索〉（《中國評論》，2011 年 1 月號，總第 157 期），是筆者為兩岸百年歷史、兩岸現狀所做的客觀描述與主觀建議。本文從「民族、國家」兩種認同與「主權、治權、權力」三個面向來討論兩岸之間應有的政治定位，並分析了民進黨從「顯性台獨」轉移到「隱性台獨」，

並再有可能向「顯性獨台」轉移的脈絡，也探討了國民黨從「分治史觀」轉向為「隱性獨台」背景因素。本文認為，不論是「台獨史觀」或「獨台史觀」均屬於「分離史觀」，均會為兩岸的發展帶來災難。本文認為，兩岸必須還原歷史、尊重現實與展望未來，以「共同體史觀」做為兩岸的共同史觀。

為了得到更多兩岸學者關注兩岸認同問題，2011 年 1 月 15 日至 18 日，由兩岸統合學會與佛光山澳洲南天寺主辦，中國社會科學院台灣研究所、亞太和平研究基金會、中國評論通訊社協辦，在南半球的澳大利亞南天寺舉行「南天會談：史觀、論述、政策與認同」閉門研討會。有兩岸重要的智庫學者專家近四十人參與，針對兩岸史觀的差異及其對認同的影響、兩岸史觀與兩岸論述、如何面對中華民國問題，以及如何化解兩岸分歧、增進兩岸認同等議題，進行了三天的深入討論。為使會議有討論焦點，筆者特別將上兩篇文章做為與會者討論之參考。

中國社會科學院台灣研究所副所長朱衛東在會議中認為，目前台灣社會在國家和民族問題上存在著嚴重的認同危機，認同問題已成為兩岸關係發展中亟待解決的核心問題，需要兩岸高度重視、多管齊下、綜合施策，透過長期艱苦的努力才能逐步加以扭轉和解決。

朱衛東另表示，要解決認同問題，首先是台灣方面政府應扮演關鍵的角色。遺憾的是，目前馬政府迫於政治環境的壓力，對李扁台獨路線撥亂反正方面做得不夠，至今也未提出一套有別於李扁和民進黨的兩岸關係新論述，不僅在重建台灣人政治認同上鮮有作為，相反的，還被民進黨牽著鼻子走。其次

是兩岸大交流、大合作對於形塑兩岸共同認同的積極作用。但是，目前台灣方面採取政經分離、只經不政的做法不利於兩岸建設共同家園的目標，應實行文教先行、政經同步的政策，使之相互作用、相輔相成，逐步形成兩岸命運共同體。

參與出席的中華文化促進會副會長辛旗表示，希望兩岸能夠以汪道涵先生的「共同締造論」為基礎，積極引導民意，而非逢迎民意，在立足現實的基礎之上，著眼兩岸的未來。

亞太和平研究基金會董事長趙春山表示，認同問題與文化是密切相關的，希望兩岸以中華文化為基礎，進一步整合兩岸的利益，促進兩岸的認同。

三天的會議得到了不少的共同認識，與會者幾乎均同意兩岸為一命運共同體應是兩岸在詮釋歷史時宜特別凸顯的地方。台灣大學教授黃光國特別將會議過程以〈從「反中」到「共同體」：兩岸認同的折裂與修復〉為名，在《中國評論》（2011年3月號，總第159期）發表。讀者有興趣可以上網閱讀。

李扁十餘年的分離史觀教育，特別是透過歷史教科書的書寫方式，形成了一股絕大的力量。去年（2011年）正值民國一百年，政府大力推動「建國百年」的慶祝活動，這應該是一個釐清正確史觀的絕佳機會。可是很遺憾地，我們沒有看到政府或執政的國民黨有對於百年以來自己的歷史，有進行史觀性的全面整理及推廣。

在兩年前，我們已經看到這個問題，因此，當時我們就決定要排除一切困難，為百年中華民族的發展拍攝一部可以給年輕人觀賞的紀錄片，以幫助他們修正目前所接受的分離史觀，接受一個符合史實與兩岸共同利益的「共同體史觀」。雖然兩岸統合學會僅是一民間社團組織，無論人力、財力均難以與政

府的力量比擬。不過，在「立言」更需「力行」的認識下，我們決定走下去。

第三篇文章〈共同體史觀之呈現〉（《中國評論》，2011年 8 月號，總第 164 期，原名為〈喚起共同記憶　尋找共同認同——《百年中國》紀錄片的呈現〉）將紀錄片的由來與內容作了介紹，希望能夠透過紀錄片喚起共同記憶，以協助尋找共同的認同。本文揭櫫了共同體史觀的兩個主軸：第一，百年以來兩岸人民在追求現代化的道路上摸索前進，嘗試找尋一條最符合中國人的道路；第二，每一階段現代化的成敗，其結果均影響到兩岸的人民，在現代化的道路上，兩岸其實都是一個命運共同體。

紀錄片拍完以後，在星雲大師的協助下，佛光人間衛視安排了多次的播出，台北國父紀念館、中正紀念堂、台中、新竹、台南、高雄、嘉義、花蓮等地的文化中心或圖書館亦有播放。我個人並在全台灣三十多所大學進行紀錄片放映與專題演講。

特別想引述一段北一女高三資優生看完紀錄片後的感想：「現在我們這輩的年輕人，大多有種不知道自己到底算不算中國人的迷惘，如果說不是，似乎無法說明全身瀰漫的中華文化到底屬不屬於中國；如果說是，又感覺自己是台灣人，對岸的十三億人口非我族類。看完《百年中國：迷悟之間》這部紀錄片之後，雖然我還是無法明確定義自己的身分，但我卻明白了，自己永遠割捨不掉中國歷史一路走來的血淚，即使如今兩岸分治，我仍是中國史中的一部分」。

如果讀者對其他三十多位北一女同學的心得有興趣，可以上中國評論網一窺究竟。這些高中女同學的看法是真實的。政

治人物為求勝選與執政，不惜以切割兩岸認同為代價，歷史教科書不再是憲法第 158 條「發揚民族精神」的載具，卻成了切割認同的屠刀。但是從這些年輕同學的文字中，我們又看到深植在她們心中的文化與認同並沒有被完全摧毀，她們對中華文化、歷史、情感、認同從來就沒有消失，她們需要的是被喚醒。這不正是兩岸知識分子責無旁貸的神聖工作嗎？

史觀的寫作暫時告一段落。2011 年中，台灣社會有了濃濃的選舉氣氛。大家在討論一個問題，即馬英九如果連任是否會有助於兩岸和平協議的簽署？認為會的，理由多在於馬在第二任已經沒有連任包袱，應該會尋求歷史定位，透過簽署和平協定的方式，為兩岸建立合理的定位，以有利兩岸長久和平與發展。但是對於長時間關心兩岸關係發展的我而言，可能沒有這樣的樂觀。第四篇文章〈史觀、論述與兩岸和平協議〉就是那個時候撰寫（當時以〈爾憂選舉、我憂兩岸：2012 後有無兩岸和平協定？〉為題名發表在《中國評論》月刊，2011 年 7 月號，總第 163 期）。

該文從目前國民黨國家定位趨勢的演變，以及馬政府在歷史教科書、政治論述等方面的呈現進行分析，並對民進黨的基本立場與下階段可能調整的方向也作了研判。文中擔心，2012 年的大選，會否成為台獨與獨台論述的較勁，而使得即使獲勝的馬英九也無法跳脫結構的限制，第二任四年仍舊無法簽署兩岸和平協議。

隨著總統大選愈來愈靠近，北京對於民進黨所代表的台獨可能獲勝而顯現出憂慮，台北方面也對於馬英九民調無法超越蔡英文而感到擔心。第五篇文章〈獨台的危機〉（《中國評論》，2011 年 12 月號，總第 168 期）就是在這樣的環境下撰寫。

　　本文意旨在於提醒研究兩岸關係的菁英，台獨早已不是個問題，特別是 1950 年代因為美國東亞戰略需要的「台灣地位未定論」的主張已過時，根本沒有國際法的依據，所謂「自決權」也無法成為一個真的政治訴求。更重要的是，民進黨內已經沒有人在真正認真地推動台獨。所謂「台獨」只是一種為爭取選舉利益以區隔國民黨的主張或手段而已，這種有政治目的的論述會因為選舉的需要而不斷調整。1999 年民進黨的〈台灣前途決議文〉與蔡英文在 2011 年 10 月以「台灣就是中華民國，中華民國就是台灣」呼籲建立台灣集體認同，就是棄台獨為獨台的主張，就是為勝選而做的調整。「台獨」早已入侵「獨台」，藉著「獨台」借殼上市或登堂入室了。

　　本文也談到，「台獨」已經逐漸轉型進化為「獨台」論述。美國即是「獨台」論的最大支持者，因為它符合美國在東亞與兩岸的最大利益，而且台灣內部也將「獨台」誤以為是「維持現狀」，致使「獨台」主張已是未來兩岸關係發展的最大變數與障礙。文末並分析，為何化解「獨台」最佳的方案即是推動兩岸的「統合」。

　　2012 年 1 月馬英九勝選，絕大多數觀察家均認為是「九二共識」扮演著關鍵性的角色。我認為，幫助馬英九贏得選舉的只是異化過的九二共識，真正的「九二共識」內涵卻被淹沒或忽視了，國民黨也不敢告訴人民，「九二共識」真正的內容應該是什麼？第六篇〈異化的九二共識〉（《中國評論》，2012 年 3 月號，總第 171 期）即在討論，兩岸目前所稱的「九二共識」與 1992 年的「九二共識」是否在內容與本質上已經發生了變化。

　　本文先還原「九二共識」的形成過程與內容，然後對 1992 年以後台灣方面對於「九二共識」三次異化情形作了深入分析，包括「一中」從一個政治與法律的實體異化為一個「歷史、文化、血緣、地理」上的概念；「一中」異化為「特殊國與國」或「一邊一國」關係，以及異化為「主權獨立」或「2300 萬人決定前途」等不同的用語，致使「九二共識」中的「一中各表」變成了「兩岸各表」，這不僅對兩岸關係的和平發展產生了嚴重的阻礙，這些話語也對台灣人民在認同上產生了莫大的負面影響，使得兩岸認同持續折裂。

　　本文認為，要解決「九二共識」的異化，首要即是必須正本清源「九二共識」原本的內涵，並繼續深化兩岸的互動，再則，唯有尋求從「一中各表」走向「一中同表」，兩岸才能確保兩岸建立真正的互信共識。

　　兩岸關係異化的部分絕非僅有「九二共識」而已，台灣對於自己的史觀與認同也發生了顯著的改變。第七篇〈異化的史觀與認同〉（《中國評論》，2012 年 4 月號，總第 172 期）描述兩岸從「我者」到「他者」的轉變過程。

　　史觀與認同的異化透過兩條路徑進行。一是政治人物的話語，一是歷史教科書。政治人物沒有辦法修改憲法的史觀與規範，但是卻不斷發表一些違反憲法的話語，再利用選舉與政治操作，使得兩岸對於「一中」、「主權」等概念產生模糊或不清的認知。透過「同心圓史觀」的歷史教科書，中華民國 1949 年以前的歷史放在「中國史」，以後的發展則是放在「台灣史」，而「台灣史」的源頭不是堯舜禹湯，而是原住民、荷蘭、西班牙。中國史因而從「我者」變成「他者」，使得年輕一代在史觀上出現了兩岸為「一邊一史」的認知。

　　政治人物的話語透過媒體與選舉產生了社會化的效應，歷史教科書則是從根本上轉移了下一代的認同，這使得兩岸關係逐漸往「兩國關係」滑動。文中呼籲，馬政府應儘快調整教學順序，也就是應該先教中國史再教台灣史，並重組課綱委員會，從根本上修正現有會造成「一邊一史」的同心圓論述，另外就是政府在表述兩岸關係定位時，要特別謹慎用語的表達，不要陷入異化而不自知。

　　在討論異化的「九二共識」、史觀與認同後，本來想再寫一篇「異化的兩岸和平協議論述」。由於《中國評論》在 2012 年 2 月底在台北召開「兩岸如何開啟和平協議進程」的座談會。本人參與了會議，後來《中國評論》也刊登了發言，撰寫專文因而暫時作罷。在會議中，與會者針對兩岸和平協議應有的本質與內涵進行討論。第八篇文章〈對開啟和平協議本質的認識〉即是筆者在當日會議中的發言（《中國評論》，2012 年 5 月號，總第 173 期）。

　　馬英九在選舉期間即已經為和平協議設定了若干條件，例如「十大保證」，程序必須經過「公投」說。當時即已察覺馬在第二任恐不準備在和平協議上多所著墨了。勝選以後，馬政府又將「和平協議」視為「和平的協議」，持「目前所簽署的協議均是和平協議一部分」的觀點，並將和平協議一詞做廣義的解釋。

　　參與座談會者幾乎均不同意將和平協議本質異化的說法，而認為和平協議應有其專屬的定義。我在文中表示，2008 年馬英九在競選時提出兩岸應達成和平協議與軍事互信機制，但是為何在 2009 年中期就發生轉變，其中一個重要的因

素應該就是美國。馬英九在《台灣關係法》與「兩岸和平協議」中很明顯地選擇了前者。

本文也提出，一個能夠符合兩岸主權、治權與權力現狀的和平協議才能為雙方接受，因此兩岸必須在主權、治權與權力方面的現狀有充分的瞭解與共識。另外，即使有了和平協議，如果沒有兩岸共同的呵護與努力，和平協議也會是脆弱的，但是我們不應以協議必然脆弱做為不必簽署的理由。最後，本文認為，和平不應等待而應追求，愈早簽署對於兩岸人民愈是有利。

第九篇的文章〈德國統一經驗的反思〉（《中國評論》，2010 年 10 月號，總第 154 期）是筆者為回顧德國統一二十週年所撰。台灣內部在討論兩岸關係時經常舉德國問題為例，並認為兩德定位是「同意歧見」（agree to disagree）或「一族兩國」（one nation, two states）。特別是 2010-2011 年間，兩岸統合學會在與《聯合報》就「一中同表」或「一中各表」，哪一個才是兩岸和平發展的合理基石時，《聯合報》曾舉德國「屋頂理論」為「一中各表」或「第三概念」，以為其主張「一中各表」的主要理論依據。

我曾在德國留學與工作，親眼目睹德國的統一，感觸良多。我曾撰寫《德國問題：國際法與憲法的爭議》，這也是華人社會迄今唯一一本國際法與憲法層面來討論那個原本屬於政治層面的德國問題。我所認知德國問題中的「屋頂理論」、《基礎條約》與《聯合報》認識的有本質上的不同。

德國問題涉及兩德的定位、走向、協議等等與兩岸均同樣面臨的問題。如何正確地認識德國問題，瞭解西德與東德在處理德國內部關係或兩德關係時基本立場的異同，有助於兩岸關係的思考。

　　從文章中可以看到東德從主張「一個德國」轉移到「兩個德國」，再變質到「兩族兩國」的過程，也可以看到西德如何堅持「一個德國」，但容許「一德各表」、「一德兩國」的立場與危機。從東西德《基礎條約》的功過，可以做為未來兩岸簽署和平協議時的借鏡。綜觀德國問題的經驗，可以得出「一中同表」才是正道。

　　第十篇文章〈和平發展期的兩岸政治定位與路徑〉（《中國評論》，2011 年 9 月號，總第 165 期）是一篇純然理論性的文章。目前在討論兩岸定位時均不出「一 X 兩 Y」的模型，包括「一國兩制」、「一國兩區」、「一國兩府」等等。除了「一國兩制」很明確的是統一後的兩岸定位模型，其他有關「一 X 兩 Y」的主張並沒有明確與清楚地說明它是否為統一前或統一後的模型。

　　「X」指的是主權，「Y」指的治權，基於治權來自於主權的原則，目前現有的「一 X 兩 Y」模型，「X」必然與兩個「Y」中的一個一致，或「X」是個虛的概念，再加上「主權」的排他本質，兩岸即陷入了「只有一個主權」（一 X 各表）或「兩個主權」（「X」是個虛的民族文化血緣概念）的爭議。

　　本文並非處理統一後的兩岸定位，而是探討目前兩岸和平發展期的兩岸定位。這一篇理論性的文章嘗試為兩岸核心問題之一的定位問題提出邏輯上的解決方案。本文認為必須創造出一個與「一 X」接軌的「第三 Y」，才能解決兩岸的主權與治權問題。因此「一 X 三 Y」才是兩岸和平發展期的最適合定位方式。如何從「一 X 三 Y」往「一 X 一 Y」邁進，憑藉的就是共同體的路徑。

「一中三憲、兩岸統合」因而是兩岸和平發展期的最適宜定位與互動的模型。如果兩岸願意採行這樣的論述或政策，兩岸的認同也必然會向「一中」與「統合」轉向。

第十一篇文章〈從中華文化解開兩岸核心問題的糾葛〉（《中國評論》，2012 年 6 月號，總第 174 期）是這一系列最後一篇的作品。由於本人這個學期在台灣大學政治學研究所特別開設「中國傳統對外思想研究專題」碩博士課程，特別邀請謝大寧教授一起參與授課。本文若干觀點得到謝大寧教授啟發，特在此表示感謝。

本文從中華文化出發，提醒兩岸中華文化為何會有「大一統」的傳統與認識，而沒有對「獨立」或「分離」的鼓勵。那是因為在中華文化傳統上，「一統」並非僅有政治上的意義，更多的是文化的內涵。中國歷史一向對能夠守住中華文化給予高度肯定，而反對文化傳承的分裂。

從中華文化來說，「中國」就是「天下」，我們所熟知的漢唐宋元明清，包括 1912 年的中華民國與 1949 年的中華人民共和國，在現在的政治學定義下，其實都只不過是行使「治權」的朝代「政府」而已。中國文化中不只談「大一統」，更談「正統」。哪一個皇帝可以得到「天命」就可以得到「統」的「統治權」，但是如果倒行逆施，不顧人民的利益，就是違反了所謂的「天命」或「德命」，「統治權」就換由另一個「治權」來接收了。

西方定義的「主權」其實從來沒有在中國歷史上出現過。中華文化不談「主權」而是談「天下」。「天下」為認同中華文化者所擁有，它從來不需要分割，因而中國歷史上「分天下」的目的也是在為「爭天下」。

　　西方概念的「統」、「獨」是主權的統一或分離，決定是「統」或「獨」的因素除了兩廂情願就是權力的對決。兩岸如果用西方的主權觀來處理兩岸事務，那麼也必然接受了主權是排他、絕對、至高無上的原則，而陷入零和的困境。

　　兩岸應該將「主權」還原為「所有權」，「治權」為「管理權」的概念。中國這個天下是兩岸人民共有的所有權，只是目前各在其領域內由各自的政府行使管理權。我們要努力的目標不是從中國這個天下中分離，而是讓所有天下人能夠過更好的日子。

　　21 世紀的今天，兩岸無須用傳統武力的方式爭天下，而應以誰的制度好，誰能夠為所有中華民族帶來更大的福祉來爭「正統」。兩岸應該各自向對方展現自己制度的優良，證明誰更能夠照顧人民，兩岸也應該透過共同治理機制來共同為人民謀利。我們要鼓勵兩岸人民與政府來爭誰是最符合「天命」、「德命」的最好政府，更要期許兩岸一起攜手承接「天命」，兩者均是「正統」的一部分。

　　「一中三憲、兩岸統合」就是在這樣的文化思路上，結合西方目前習慣的用語而形成的論述。

　　在本書寫作期間，我的工作並不僅是靜坐研究室寫文章而已，而是透過各種研討會、演講會不停地傳達理念。我與兩岸統合學會的朋友，利用各種機會，也沒有放棄向馬總統以及政府高層鍥而不捨地傳遞我們的憂慮，並提出建言。

　　5 月 20 日，是馬英九總統第二任的就職日。我們看到馬總統的就職演說中有了修正以往「獨台」論述的跡象，因此，我們也必須給予肯定，但是對他仍有更多的期許。我們先來談

對他的肯定。

第一，以憲法為基礎來處理兩岸關係。馬在演講中稱：「中華民國憲法是政府處理兩岸關係的最高指導原則」。這是完全正確的。依照《中華民國憲法》，台獨是一個違背憲法的選項。憲法就是憲法，不應該有「憲法各表」的解釋空間。依照《中華民國憲法》處理兩岸關係，就是反對台獨，這一點是馬英九清楚地表明了他與民進黨不同的地方。

第二，不再虛化或異化「一中」。「九二共識」的異化是本文提到的重要問題。繼吳伯雄在 2012 年 3 月份與胡錦濤先生會晤時提出「一國兩區」概念後，在就職演說中，馬再次以「一國兩區」做為兩岸關係的定位。

馬在演講中稱：「所說的『一中』，當然就是中華民國。依據憲法，中華民國領土主權涵蓋台灣與大陸，目前政府的統治權僅及於台、澎、金、馬。換言之，二十年來兩岸的憲法定位就是『一個中華民國，兩個地區』，歷經三位總統，從未改變」。

固然誠如馬英九所說，「一中兩區」的憲法定位，在法律上從未改變，但是在政治人物的話語中，十餘年來，「一中」已被多次的異化。從 1994 年開始，李登輝就首先將「一中」異化為「歷史、地理、文化、血緣上」的概念而已。1999 年又提出「特殊國與國關係」的「兩國論」，完全偏離了憲法，澈底異化「一中」。2002 年陳水扁接著提出「一邊一國」論，更是違反憲法的主張。2008 年馬英九執政以後，雖然開啟了兩岸大交流的時代，但是其行政團隊，仍然以「主權獨立」、「台灣前途 2300 萬人決定」等趨近於「獨台」的論述對外陳述兩岸關係或國家定位，使得「一中」的意涵持續被異化。

　　此次馬總統明確指出「一中」即是中華民國，而且沒有再出現以往談話中強調「主權獨立」或含有主權意涵的「2300萬人決定前途（未來）」等會造成獨立等亦可能是選項的文字，並再次明確區隔「主權」與「治權」的差異，重申1992年時國統會對「一個中國的涵義」中「主權涵蓋大陸與台灣」的論述。

　　這次明確地陳述，應該可以有效統一府、院、黨及黨籍立法委員在用語上的一致性，如果能夠持續下去，可以避免「一中」再被異化。

　　第三，明確地以「天下為公」做為兩岸人民共同努力目標。去年是建國百年，馬幾乎沒有在「天下為公」此一概念上有所著墨，但在此次演說中，除了強調「兩岸人民同屬中華民族，都是炎黃子孫，擁有共同的血緣、歷史與文化」，也特別以兩岸「都同樣尊崇國父孫中山先生」，並期許兩岸都應該「不能忘記國父『天下為公』的理念，以及自由、民主、均富的建國理想」。

　　「天下為公」是孫中山理想的精髓，也是中華文化理想的偉大資產。去年兩岸統合學會製作了一套六集紀錄片《百年中國：迷悟之間》，即是以兩岸追求現代化的路徑，以「天下為公」做為終極理想的訴求。北京經常呼籲兩岸應共同追求民族的偉大復興，我們很高興看到馬此次能夠以「天下為公」回應，不僅在歷史、文化、血緣上重申了兩岸為民族一家，更為路徑與方向提出了看法，這是值得肯定的。

　　我們再來談談對馬的期許。對馬的期許也是對北京的期許。

　　第一，在追求兩岸和平上應該更為主動與積極。馬在演說中稱：「維持台海『不統、不獨、不武』的現狀，在『九二共識、一中各表』的基礎上，推動兩岸和平發展」。馬自己非常清楚，「一中各表」是當時為了事務性協商需要的各說各話而已。兩岸要想創造真正的和平發展，必須要認真並積極達成兩岸和平協議，並建立軍事互信機制。沒有共識，兩岸難簽署和平協議，因而在論述上兩岸也必須從「一中各表」走向「一中同表」。至於「一中同表」的內容應該為何，應是兩岸菁英必須共同探索的目標。

　　第二，應主動面對主權與治權爭議，以突破兩岸政治僵局。目前馬還是以「互不承認主權、互不否認治權」的態度來呼籲大陸。這種「互不……」的態度太過於消極，對於兩岸關係亦是不利。

　　對於北京來說，有 172 個國家承認中華人民共和國的主權，完全不在乎台北是否承認，可是台北僅擁有 23 個小國家承認，沒有北京的認可，中華民國在國際間就會被持續地孤立，因此馬主動要求北京不需要承認中華民國主權的表述，固然合乎憲法，但卻不符合台灣人民期待，因而會遭致民進黨的指責。另外，「互不」的表述方式，會加強台灣人民對於大陸的「異己關係」排他認同。

　　相對的，北京到目前為止，仍然不願意接受中華民國政府存在的事實，也否定中華民國的主權。北京的堅持會造成一個結果，即台灣人民會認為，北京只在文化、血緣上將兩岸視為一家人，但是不願意承認台灣人民所屬政府存在的事實，這種心理的被壓迫感，更容易強化兩岸「異己關係」認同的疏離。這種疏離的認同對於兩岸關係的發展絕對是一不利因素。

　　尊重現狀才能得到彼此的共識。兩岸目前的法理現狀，既不是有一方沒有主權，也不是兩岸的主權相互獨立毫不相干。依照目前兩岸憲法規定，兩岸均宣稱主權包括對方，因此，真正務實與正視現實的做法應該是透過兩岸和平協議，確定「兩岸主權宣示重疊、相互接受治權」，在表述的方式上就是「兩岸共同維護整個中國主權與領土的完整」或「相互承諾不分裂整個中國的主權」，與「尊重彼此為一憲政秩序主體」的「治權分立」。當兩岸不再有主權與治權的爭議時，兩岸的認同等於去除了障礙，也提供了兩岸重疊認同的能量。這樣的「一中同表」才能為兩岸和平發展期創造更廣化與深化的關係。

　　「主權」即是「所有權」，「治權」即為「管理權」。中國是屬於兩岸人民所共有的財產與權利，因此「主權」是屬於兩岸全體人民的、「所有權」是重疊的。兩岸的政府目前依照憲法各在其領域內行使管理，分立的管理權並不會影響到所有權的分離，也不應該做出主權分離的解釋。就以故宮博物院為例，兩岸故宮的寶藏是屬於中華民族的資產，為兩岸全體人民所有，但是兩岸的故宮各有其目前所屬的政府管理。整個中國為兩岸人民的「所有」，同樣的，兩岸人民土地也是整個中國的「所有」。

　　第三，要留意史觀與認同的問題。做為國家元首，馬能夠遵守憲法，值得高度肯定，但是馬應該瞭解，為何在其第一任期四年內，兩岸的認同卻在繼續折裂中。如同本書所說，其中一個很重要的原因，就是目前的歷史教科書仍然是引用民進黨時期以「同心圓史觀」的結構，致使台灣年輕人已形成「一邊一史」的認同。這個問題不能解決，僅強調遵守憲法處理兩岸

關係是脆弱與不足的。

「剝復之間」是歧路與正道之間。兩岸關係雖已有改善的趨勢，但其核心仍有剝落的危機。2012 年台北明確重拾「一國兩區」的主張等於重回 1992 年的原點。民進黨仍舊沒有放棄它的台獨黨綱，依然拒絕接受「一個中國」原則。目前的兩岸交流遠遠大於 1992 年時的數量，但是所有民意調查顯示，兩岸認同的差距卻也遠遠高於 1992 年。這二十年間，台灣的基本立場擺盪不定，其間包括往分離主義快速流動；大陸的基本立場仍是絲毫未變，迄今也仍未接受中華民國政府存在的事實。

「剝復之間」也是轉念之間。轉識成智、轉瞋為慈、轉私為公、轉自成他、轉政權的得失為民族的利益、轉當下的執著為包容，全在一念之間。對於台北而言，《中華民國憲法》、「九二共識」、「一中各表」均是兩岸關係不致倒退或變質必須要遵守與珍惜的資產，惟不復則剝、不進易退，兩岸關係若要繼續穩定的和平發展，重新修正現有教科書「一邊一史」結構、以文化凝聚兩岸交流，尋求兩岸在「一中」上的「同表」與「共識」，簽署和平協議，才是應有之積極作為。

對於北京而言，繼續兩岸經貿交流，主動尋求兩岸在主權與治權上的共識。在台北表達兩岸同屬一中，承諾不分裂中國主權的同時，也能夠接受中華民國政府是一個平等的憲政秩序主體，讓兩岸平等地分治與共治兩岸人民的事務。尊重台北需要國際空間的期待，共同在國際間維護整個中國的利益與主權領土完整。

自然界裡，剝復本為一體的兩面，生息不止。在人的有機世界裡，剝復之間卻牽引著無數有淚有笑的人群，稍一不慎，災禍即近，不要讓剝落成為生命與幸福的剝落，讓兩岸人民可

以和平無憂的生活，不應是我們的責任嗎？

　　兩岸關係的發展仍在「剝復之間」。我們不能再放任其剝落，而應積極尋求修復。「立言以尋正理」是希望努力行文、提供理論與思想基礎，以喚起兩岸的關懷，共同找尋一條正確的道理；「力行以探正路」是期望在修復兩岸核心問題上，能夠搭橋掛燈，引領方向，為兩岸和平發展探索一正確的道路。

　　在「立言」的道路上要特別感謝《中國評論》通訊社社長郭偉峰及其團隊，透過中評社的強大網絡，讓正理的聲音可以傳達到全世界的華人社會。也要感謝《旺報》社長黃清龍與他們的團隊，刊登我們的觀點，讓一股抵抗剝落的力量在台灣得以滋長。

　　在「力行」的道路上要感謝兩岸統合學會謝大寧、黃光國、鄭旗生、所有的成員，以及支持兩岸統合學會的朋友。也要感謝亞太和平基金會趙春山董事長、二十一世紀基金會高育仁董事長、中國社會科學院台灣研究所余克禮所長、中華文化發展促進會辛旗副會長等屢次支持我們的活動。還要感謝在製作《百年中國：迷悟之間》紀錄片的所有兩岸學者與工作人員，當然我們也要感謝這幾年來安排或參與上百場研討會、座談會、演講會的朋友。

　　我們也要感謝馬總統與其高層團隊願意聆聽我們的建言，也感謝綠營朋友部分的參與、建議與包容。

　　理愈理愈清，路才能愈走愈寬廣，期待兩岸核心問題能夠撥雲見日，兩岸和平發展早日大步向前。

2012 年 5 月 20 日於台灣大學社會科學院兩岸統合學會辦公室

另記：為了方便讀者閱讀參考，本書與《統合方略》、《兩岸政治定位探索》、《一中同表或一中各表》等四書，均已納入台灣大學圖書館數位典藏。讀者如有需要，可自行進入免費下載 PDF 全文。

現有史觀問題之探索

史觀：如何看過去與未來

民族史觀：日據時期到光復初期台灣菁英的史觀

內戰史觀：冷戰期間國共兩黨的史觀

分治史觀：只存在短短的六年

台獨史觀形成：從唯物史觀反抗「外來政權」

台獨史觀發展：希望從主權與自決中找到論據

從「台獨史觀」到「分離史觀」：民進黨與李登輝的成果

獨台史觀：國民黨的妥協與退讓

偏安史觀：國民黨稱其為轉型史觀

史觀形成與產出的邏輯：史觀、論述、政策互為因果

探索正理：建立兩岸共同體史觀

史觀：如何看過去與未來

　　歷史是死的，歷史教育卻是活的；歷史是過去式，但是史觀卻可以是未來式。昨天的政治就是今天的歷史、今天的政治就是明天的歷史。

　　從史觀中，可以看到我們如何詮釋自己的過去，自然也就影響對未來的抉擇。不同的史觀，會有不同的論述，也就會有不同的政策及不同的結果。當然，承受這些結果的，不僅是政治的菁英，也包括廣大的人民。

　　中國歷史分分合合，我們從歷史的長河中可以看到不同政權與領導人的史觀。在他們的認識中，有的堅持一統江山，有的選擇偏安逃避，有的企圖躍馬中原，有的願意稱臣以求自保，在這些非分即合的政權選擇之中是否還有一條「合中有分、分中求合」，一條不透過戰爭、符合全民利益的觀點與道路？

　　本文希望能夠提出一個兩岸符合歷史、現實與未來需要的「共同體史觀」，以使兩岸人民能夠在相同的史觀下，共同發展。基於篇幅，分兩篇處理。本文僅對現有的兩岸史觀進行分析。有關「共同體史觀」的實質內容，將在下一篇述及。

　　兩岸現有的史觀包括國共兩黨所共有的「內戰史觀」、「統一史觀」，以及台灣所獨有的「台獨史觀」與「偏安史觀」。在此之前，我們先瞭解一下在日據時期台灣菁英的史觀。

民族史觀：日據時期到光復初期台灣菁英的史觀

日據台灣五十年可以分為三個時期。第一個時期，自 1895 年 5 月的乙未戰爭起至 1915 年的西來庵事件（又稱噍吧哖事件或玉井事件，發生於今台南縣玉井鄉）台灣人最後一次的武力抗爭為止。在此約二十年內，以台灣總督府與日軍為主的日方統治，遭遇台灣人民頑強的抵抗。

日據的第二個時期，自 1915 年開始到 1937 年中日戰爭爆發為止。以同化政策為統治的基本方針。同化政策的精神是內地延長主義，也就是將台灣視為日本內地的延長，目的在於使台灣民眾成為完全之日本臣民，效忠日本天皇，加以教化善導，以涵養其對國家之義務觀念。

武裝抗日運動失敗後，1920 年，台灣留日學生創刊發行《台灣青年》，1921 年，蔣渭水在島內推動成立「台灣文化協會」，展開了為期十多年的抗日文化啟蒙運動和社會運動，將祖國的新文化運動和新思潮介紹入台，而有「台灣新文學」和戲劇、藝術之改良。

另一方面，日據後，全台各地紛紛成立詩社，據吳濁流在光復後回憶說：「我入栗社後，才知舊讀書人另有氣節，漸覺他們的骨子裡，漢節凜然。而且由此老一輩的讀書人學習不少愛國詩詞，其中有的恐怕失誤，不敢用紙筆傳授，只唸給我聽而已。」除了詩社，還有民間的私塾，仍然堅持將中國傳統文

化授予下一代。

此外，基於「國可亡，而史不可滅」，故有連雅堂《台灣通史》、《台灣語典》、《台灣詩乘》之著。由《台灣青年》，而《台灣月刊》，而《台灣民報》，而《台灣新民報》，台灣知識菁英堅持漢文的種子不能熄滅。直到 1936 年，小林躋造任台灣總督，宣布「皇民化」政策。除了詩社外，取締一切的漢文教學和出版，但亦有青年暗中學習中國國語。

第三個時期起自 1937 年，到二次大戰結束的 1945 年為止，由於日本發動侵華戰爭的需要，希望台灣人民同心協力，開始皇民化政策，即將台人全面日本化，極力促成台灣人民成為忠誠於日本天皇下的各種措施。皇民化運動等於是內地化的極端形式。

1937 年在日本殖民統治者強力推行的「皇民化」時期，在政治上雖然高壓，但大多數的台灣人在意識上仍然強烈反抗。從後來轉向支持「台獨」的詩人巫永福〈祖國〉的詩中，我們可以看到日據末期台灣人心中的祖國意識與民族意識並未消失。

這首充滿著民族史觀的詩文，其第一段寫到：「未曾見過的祖國，隔著海似近似遠。夢見的，在書上看見的祖國。流過幾千年在我血液裡，住在我胸脯裡的影子，在我心裡反響。呀！是祖國喚我呢？或是我喚祖國！」即在控訴「祖國」將台灣遺棄給日本後，他仍未放棄對「祖國」吶喊以及對「異族」的拒絕：「風俗習慣語言都不同，異族統治下的一視同仁，顯然就是虛偽的語言，虛偽多了便會有苦悶，還給我們祖國呀！向海叫喊還我們祖國呀！」

自馬關割台之後，雖然台灣與中國大陸在統治者地理上有

了隔絕，但台灣與中國大陸的命運卻綁得更為緊密，如同當時的台中文人張深切所說：「我想我們如果救不了祖國，台灣便會真正滅亡，我們的希望只繫在祖國的復興，祖國一亡，我們不但阻遏不了殖民化，連我們自己也會被新皇民消滅的！」張深切呈現的正是一種民族史觀與命運共同體史觀，他視台灣與大陸命運完全牽連在一起，中國如果沒有辦法復興，台灣將難脫帝國主義的殖民壓迫。

日據末期的反抗與光復運動，至少證明在那個時期台灣人還是勇於做為一個中國人，也不如「台獨史觀」所稱的台獨意識起源於日據時代的誤說。台灣是「地方意識」，而中國是「國家意識」，將台灣的地方意識上綱為國家意識不符合當時的歷史發展。

光復初期，台灣的社會菁英對於中國仍然充滿著憧憬，就以抗戰歌曲〈義勇軍進行曲〉為例。這首當年因抗戰而寫的熱血歌曲，已在日本殖民統下的台灣知識分子中傳唱。根據抗戰末期在中國大陸從事地下抗日運動的台灣人蕭道應公子的回憶，「（蕭道應）原本就有濃厚的祖國意識，聽說有這麼一個學習祖國語言的機會，便欣然前往報名。……，除一般授課，還教唱當時中國的抗戰愛國歌曲，如著名的〈義勇軍進行曲〉，深受學生歡迎。……激昂澎湃的抗日情緒，一天天高漲，也因此萌發了回到祖國參加抗戰的念頭。」（蕭開平，〈屏東佳冬蕭家抗日史跡〉，《台灣抗日志士親屬協進會會訊》，第一期，2009 年 8 月 10 日，頁 20。蕭道平為蕭道應之子）。

當時台灣人在傳唱〈義勇軍進行曲〉，都知道這是首來自中國大陸的抗戰歌曲，一方面基於對大陸人民抗戰同情，一方

面對剛脫離日本殖民統治記憶猶新，再加上簡單易學，以及歌曲激奮人心的歌詞，成為廣為流傳的國語歌曲。

抗戰末期，大陸各地的反日運動，人們口中高唱的是〈義勇軍進行曲〉；光復前後，台灣人們口中高唱的也是〈義勇軍進行曲〉，證明了兩岸歷史的共同脈動，也印證了台灣人當時的中國認同。但是這種民族認同，很不幸地馬上隨著「內戰體制」以及國民黨的威權統治，快速地變形。

內戰史觀：冷戰期間國共兩黨的史觀

對日抗戰勝利以後，中國旋即進入國共內戰。1949 年國民黨政府被迫搬遷至台灣。美國原本在 1949 年 12 月已經發表「袖手不管政策」（hands-off policy）的白皮書，放棄在台灣的國民黨政府。1950 年 6 月韓戰爆發，風雨飄搖的國民黨政府成為美國圍堵共產主義擴張的堡壘，台灣成為美國在西太平洋不沉的航空母艦。從此兩岸共同進入了「內戰史觀」的階段。

這個「內戰史觀」的內在結構是國共不放棄消滅對方，堅持自己是才是中國的正統，其外在結構是東西方的冷戰衝突，國共兩黨各代表著東西兩大陣營的意識形態與利益。

兩岸內戰體制的特質在於：爭執雙方有政權的正統之稱、路線的左右之爭，但是在「國」「族」認同上，對於「民族認同」上卻沒有任何歧異，雙方都堅持自己才是真正的中國人。在「國家認同」上，兩岸雖然名為不同之國名，其實只是不同的政府。雙方爭執的是「誰是中國」合法政府代表的「內部」矛盾，而非「異己關係」的「外部」矛盾。

在內戰體制下，國共雙方對於對方的一切東西，儘量賦予負面的詮釋。就以〈義勇軍進行曲〉為例。在國共內戰炙熱之際，根據 1948 年 12 月《台灣新生報》報導，台灣省政府公布了一批「禁歌」名單，這首後來成為中華人民共和國國歌的〈義勇軍進行曲〉也名列其中，也消逝在台灣人的記憶當中，自此它從一首抵禦外侮的「愛國歌曲」，在內戰體制的史觀下，變成了一首「匪歌」。

北京政府在大陸的各項政策，也給予了台北不認同的合理理由。堅持馬列主義路線、人民公社、三反、五反、大躍進、批孔揚秦、文化大革命，都讓在台北的中華民國政府更加確信地，它應該代表中國，也更加敵視或貶視北京對於中華文化的偏離，以消滅「共匪」，解救大陸同胞為職志。這時候的國民政府自然沒有放棄「統一史觀」。

隨著兩岸的隔絕，隨著冷戰的意識形態對抗，隨著內戰時間的延長，台灣民眾在認同上開始出現了問題，一方面他們認同自己是中國人，但是另一面，他們被教育得要「仇共」、「恨匪」。但是當中華人民共和國政府成為中國的代名詞時，國民政府的認同教育就開始出現了問題。「反共」是否等於「反中」？「仇共」、「恨匪」的教育與政治宣傳，以及兩岸後來的政經發展，使得兩岸認同存在著一條巨大深邃的海溝，當大氣候改變時，兩岸認同的分歧即開始顯現。

中華民國政府能夠代表中國的正當性是拜東西冷戰與美國的支持所致，當美國總統尼克森派季辛吉密訪北京開始，台北的國際正當性就開始動搖了。1971 年中華民國政府被迫退出了聯合國，失去了國際正當性。1978 年底與美國斷交，台

灣失去了美國的支持，等於是在國際代表的競爭中完全挫敗，它的「內戰史觀」幾乎全面瓦解。

在「內戰史觀」下，國民黨政府為了凸顯自己的正統地位，透過在內戰體制必然形成的威權統治，長期以代表中國正統地位的國族意識與教育政策之中，相對地忽略了，甚而壓抑了地方性、區域性的歧異元素，以便提供更多的空間來傳播中原正統文化與中國意識，因而包括各類方言母語、各種族群歷史及其文化在內，種種未能被界定為中國文化正統的事物，經常遭到消極不鼓勵、不傳播，甚至壓抑、查禁等等程度不一的對待。

1970 年代，雖然台灣仍處於威權體制，但是經濟的發展已有起色。三十年來投入土地改革、發達國家資本主義與中小企業政策，現代化的一些成果出現。當台灣經濟力崛起，伴隨的自然是社會力的急待破繭而出。

1979 年初，北京與華府建交，做為「內戰」挫敗的一方，台灣的民間開始出現另一種聲音，他們嘗試展開反省，進而挑戰，甚至顛覆、排除中國意識主導下的族群認同與國家藍圖，這其中包括對史觀的認知、文學的書寫等等。「內戰史觀」自此在台灣開始瓦解，「統一史觀」更被視為是虛幻不實際。隨之而來的是兩岸「偏安史觀」或「台獨史觀」的出現。「偏安史觀」或「獨立史觀」的基礎在於台灣社會開放所產生的民主化，1980 年初台灣意識形成，外在則有美國透過《台灣關係法》與軍售的支持。

台灣民間社會已經準備開始脫離「內戰史觀」，但是北京仍然是以「內戰史觀」來處理與國民黨的關係。在國際外交上仍然繼續孤立台灣，軍事上壓制台灣。

分治史觀：只存在短短的六年

1987 年 7 月蔣經國宣布解除《動員戡亂時期臨時條款》，不再視大陸為叛亂團體，年底開放民眾到大陸探親。台北單方面地結束了「內戰史觀」，但是在憲法上沒有放棄統一為最終的目標。1991 年通過的《國家統一綱領》（簡稱《國統綱領》），強調「促成國家的統一，應是中國人共同的責任」。國統會隨後在 1992 年通過「關於一個中國的涵義」。該文中有兩個重點。第一，強調主權及於整個中國，即「我方則認為『一個中國』應指 1912 年成立迄今之中華民國，其主權及於整個中國」。第二，在治權方面主張兩岸分治。該文稱：「民國 38 年（西元 1949 年）起，中國處於暫時分裂之狀態，由兩個政治實體，分治海峽兩岸，乃為客觀之事實，任何謀求統一之主張，不能忽視此一事實之存在」。

這幾段話，代表當時的國民黨政府已經從「內戰史觀」轉移到「分治史觀」。「分治」與「分離」不同，前者強調主權的重疊、治權的分立；後者則是主權與治權均互不隸屬。在「分治史觀」中，最多只會出現「中華民國主權及於全中國」，而不會在兩岸關係中出現「中華民國是個主權獨立的國家」。理由很簡單，在「分治」史觀中，「主權獨立」於誰？獨立於中共？如果相對於中共，中華民國是個主權獨立的國家，那麼中華人民共和國算是個什麼？

「分治史觀」在台灣的政治中，從 1987 年到 1993 年只出

現了大約六年的光景。當 1993 年李登輝開始推動進入聯合國，當 1994 年李登輝接受日本司馬遼太郎發表〈生為台灣人的悲哀〉時，就已經可以看出，李登輝要追求的是「分離史觀」。「分治史觀」只是國民黨在向憲法交待、李登輝為了鞏固在國民黨內的權力地位所做的妥協、國際冷戰後時代遽變、必須為兩岸交流建立法制等多方因素下的產物。在李登輝權力鞏固、台灣持續得到美國支持、兩岸交流制度建立後，「分治史觀」也似乎走到盡頭。即使是具有中華文化素養、國民黨忠貞黨員、蔣經國信徒的馬英九在 2008 年獲得執政後，也不再提《國統綱領》、不召開國統會了，在主權與台灣前途的論述上，他的政府團隊在論述上也與民進黨趨同了。

　　總統直選的修憲固然可以視為是台灣民主的深化，但是此一制度也使得「分離史觀」取得了某種民主正當性的養分。1996年總統大選以後，「分離史觀」正式登上舞台，李登輝要做的是，如何鞏固這個分離史觀。

　　分離史觀可以分為兩種，一為「台獨史觀」，一為「偏安史觀」或稱之為「獨台史觀」。相同點在於兩種史觀均視兩岸為一種「異己關係」。「台獨史觀」希望建立一個新的台灣共和國，「偏安史觀」則願意接受中華民國這個國號，兩者均強調自己是一個有別於中華人民共和國的主權獨立國家。

　　在討論「偏安史觀」以前，容我們來回顧一下「台獨史觀」的形成與變形。

台獨史觀形成：從唯物史觀反抗「外來政權」

「台獨史觀」最早是來自於如何擺脫「被殖民史觀」。我們就以一本在 1962 年原本以日文書寫，後來 1988 年才在台灣以中文發行的《台灣人四百年史》為例來談。該書作者史明以唯物史觀的角度、以「被殖民史觀」的立場，描述台灣在四百年被長期殖民體制統治下的被壓迫掠奪情形。在史明的觀點中，無論是荷蘭、明鄭、清、日本，以及後來的國民黨政府，都是外來殖民政權。激進的台獨主張者鄭南榕基金會在其網頁內如此定調該書的貢獻：「《台灣人四百年史》漢文版，藉由這本書，開啟了台灣人，做為一個民族的主體性，探索『台灣民族』的歷史發展，以及台灣人意識的形成過程」。

從史明的身上，可以看到台獨史觀的形成過程。史明原名施朝暉，因「期待把歷史弄明瞭」，而改名「史明」。早期就讀台北一中時，就有高度的反日情緒。1937 年赴日本早稻田大學就讀政治經濟學部，在那裡接觸社會主義與無政府主義的大量作品，對馬克思主義充滿憧憬。基於對中國社會革命的嚮往，1942 年到中國大陸參加共產黨的抗日，經由抗日與國共內戰，「我馬上看到中共頂獨裁」，「中共土地改革，我在華北看到過，不但土地拿起來，也把地主殺了，殺了頂慘」。此外，在中國參與對日戰爭時，他也親眼見識到中國人的「漢人種族主義」，台灣士兵不但被中共派往前線，慘遭無辜犧牲，

同時中共也刻意對台灣人實施「分化政策」,「叫一個客家人來打福佬人,也叫一個福佬人來鬥一個客家人」。史明從此認定「台灣人不能跟中國人一起」。

1949 年底共產黨勝利前夕,史明經過一番輾轉曲折的過程,逃離大陸,回到了睽違十年的台灣。回台後,認為國民黨與共產黨的殘暴手段如出一轍,因而認為台灣的漢人係台灣人,與中國漢人雖血出同源,但在社會發展上已與中國分裂為不同民族,要解決台灣的問題,唯有台灣獨立一途。於是在1952 年,他在台北郊外山上組織了「台灣獨立革命武裝隊」,準備刺殺蔣介石,未料事跡洩漏,只好於同年偷渡到日本。從此開始其台獨建國的工作,並著手撰寫《台灣人四百年史》。

史明在該書中把「228 事件」當作是台灣人獨立意志的表達,視台灣史與長期殖民統治為一回事,所以和獨立的追求有密不可分的關聯性。他這本《台灣人四百年史》,在地下版本於 1980 年代末期引進台灣後,對 228 以後出生之年輕一代「台灣意識」的覺醒,有著相當程度的影響。

如果我們從國族認同來看,史明希望推動的是「兩族兩國」,他不從民族、文化、血緣上界定民族,而是從社會發展上來界定台灣民族與中華民族(中國民族)的不同,因而,建立獨立的「台灣國」是擺脫中國的唯一途徑。這樣的論點,幾乎完全成為民進黨的基本史觀。民進黨所做的,只是在這樣的「台獨史觀」中再找一些西方的國際法主權與自決的元素加入。

台獨史觀發展：希望從主權與自決中找到論據

　　台獨史觀倡議者首先以「台灣定位未定論」做為其史觀的一部分。1988 年 4 月 17 日民進黨第二屆第一次臨時大會通過的〈台灣主權獨立決議文〉（簡稱〈四一七決議文〉）即以此為理由。該文稱：由於 1952 年的舊金山「對日和約」與 1952 年的「中日和約」均未決定將台灣的主權歸屬任何一個國家，未來任何台灣國際地位之變更，必經台灣全體住民自決同意。

　　其實在 1972 年的《上海公報》，「台灣地位未定論」的始作俑者美國已經接受台灣是中國的一部分，等於美國放棄了台灣地位未定的主張。雖然一些台獨論者並沒有放棄這個理由，但是，從 1990 年代開始，特別是在台灣民主化以後，台獨論者轉由「主權獨立」與「前途自決」這兩項觀點來為其台獨主張找尋法理基礎。台獨論者將「台獨史觀」擴充解釋為「分離史觀」。基於策略性的需要，他們可以容忍暫時的「獨台史觀」。

　　1992 年立法院完成全面改選，1996 年 3 月，在台灣地區完成了第一次的總統大選。民進黨已經沒有理由再說國民黨是外來政權。「台獨史觀」的本質從此從擺脫外來政權走向獨立，轉向已經獨立，只待「正名」而已。

　　1996 年 3 月總統大選以後，5 月 10 日，民進黨文宣部副主任周奕成、民進黨選舉對策委員會副執行長陳俊麟、外省人

台灣獨立促進會（外獨會）秘書長田欣，與民進黨國大代表鄭麗文（後來擔任國民黨文傳會主委、政策會副主委、國民黨不分區立委）、鍾佳濱、段宜康等人聯合發動一百多人連署，公布《台灣獨立運動的新世代綱領》，做為團結鞏固台灣現狀的新政治論述。綱領第五條：「台灣獨立，不一定以『台灣』為國家的名稱。國號、國旗、國歌的變更，不是台獨運動的主要目的。台灣成為一個獨立的國家，最好能名實相符，以台灣為國家的名字；但是當國際現勢不允許時，應當接受暫時以其他名稱，維護實質獨立的成果。」這些民進黨新世代口中所稱的「國家其他名稱」就是中華民國。這一個所謂「台灣獨立運動的新世代綱領」的聲明，等於不再堅持「台獨史觀」，已滿足於「分離史觀」。

從「台獨史觀」到「分離史觀」：民進黨與李登輝的成果

「務實」的民進黨知道台灣獨立建國在政治上是一不可能的事，但是為了自圓其說，只有採「借殼上市」的做法，為了在 2000 年能夠贏得大選，算是正式放棄了以「住民自決」「追求獨立」的訴求，轉到認為在總統大選以後，台灣已經是個主權獨立的國家，未來有關「改變獨立」現狀都必須經由台灣「住民自決」。

1999 年 5 月 9 日，民進黨通過〈台灣前途決議文〉，稱「台灣是一主權獨立國家，其主權領域僅及於台澎金馬與其附屬島嶼，以及符合國際法規定之領海與鄰接水域。台灣，固然

依目前憲法稱為中華民國，但與中華人民共和國互不隸屬，任何有關獨立現狀的更動，都必須經由台灣全體住民以公民投票的方式決定」。至此，民進黨已經把「住民自決」視為一個「維護」，而不是「爭取」台灣主權獨立的工具。

1999 年 7 月 9 日，國民黨籍的李登輝總統喊出了兩岸為「特殊國與國關係」，他所謂的「特殊」，只是因為兩岸是歷史、文化、血緣上的特殊相似，但是在主權歸屬上已經是兩個相互獨立的國家。至此，「分離史觀」似乎已經成為朝野的共識。

2000 年 5 月陳水扁執政，整個八年中，民進黨沒有碰觸憲法上的主權問題，但是在政治、經貿、文化上走上一條與大陸儘量切割的道路。也就是說，民進黨在現實環境不允許的情形下，沒有在憲法層次做出「分離」的舉動，但是不斷加足馬力在「分離史觀」、「分離論述」上。2002 年的「一邊一國」是其關鍵性的發言。

民進黨在歷史教育上全力切斷與大陸的關係。也就是以「台獨史觀」做為教育政策的基礎，再透過教育政策來強化「獨立史觀」。除了美化日本在台灣的殖民經驗，視日本在台灣五十年為「日治」而非「日據」。民進黨接受了杜正勝的「同心圓史觀」，所謂「同心圓」之概念的出現，想要以地理的分隔來轉作歷史切割的工具。在這樣的目標指導下，台灣的九年一貫（國小、國中）課程與高中課綱，乃出現了先教台灣史，再教中國史，最後則是世界史的特殊模式。

這種模式當然是極其詭異的。台灣史的內容包括了兩個部分，一個是史前史，另一個則是從十六世紀殖民國家經略台灣

開始敘述，試圖描繪一部台灣遭到殖民國家蹂躪的歷史，而某種意義上，其實隱然把「中國」也視為是蹂躪台灣的一個「殖民國家」。

我想引述一下 2007 年 1 月 31 日游錫堃晚間出席台灣北社尾牙宴的致詞，以為瞭解這個企圖切斷台灣與中國關係的史觀在民進黨立場中的重要性。中央社是這樣的報導：「他（游錫堃）支持杜正勝對高中歷史教科書翻修的政策決定，民進黨堅持維護台灣主體性的價值觀，不管泛藍如何無所不用其極的打壓，或要求杜正勝下台，對於杜正勝用具體作為落實台灣主體性的價值觀，民進黨高度肯定。他說，當初他擔任行政院長期間找杜正勝擔任教育部長時，就曾經『任務交付』，要杜正勝對台灣史地教科書內容，處理好台灣主體性的問題，也提醒杜正勝，過程中一定會引起國親陣營的反對，聲望也會下降，但要挺得住，不要輕言放棄。他認為，要建立台灣主體性的價值觀，就要拋棄大中國情結與『一中』枷鎖，所謂的『憲法一中』就不是一種以台灣為主體的價值觀。他說，翻修新版高中歷史教科書的爭議，顯示認同台灣主體與認同中國主體，兩種價值觀是無法和解而共生」。

獨台史觀：國民黨的妥協與退讓

「中華民國、中華民國到台灣、中華民國在台灣、中華民國是台灣」是國民黨在 1994 年以後的史觀改變的自我認同。

2008 年 3 月馬英九執政，理論上來說，馬英九應該改變李登輝與民進黨長達十餘年所建立的「台獨史觀」或「分離史

觀」，但是很遺憾地，馬英九任用了親綠的教育部長與陸委會主委，也接收了「分離史觀」的論述。

首先，馬英九政府在 2008 年上任以後，並沒有更動陳水扁時期所審訂的「九年一貫教育」（即從國小到國中）語文部分的課綱，反而於上任後第四天，他認命的鄭瑞城部長就將其公布。依此新課綱，未來小學教科書不再稱「國語」而是「華語」，國中教科書不再稱「國文」而稱「華文」。為此兩岸統合學會特別召開記者會，以「黃鐘毀棄，瓦釜雷鳴；鄭聲亂雅，亂紫奪朱」發表聲明。總統府雖然在當天就立刻做出回應，並表示會重新修正。但是除了「名稱」問題之外，還包括了實質上將本國文化限縮為台灣文化的問題，以及在社會學科中很多「去中國化」的教材仍然存在。為此兩岸統合學會再發表聲明，希望馬英九能夠指示教育部，除了立即修正名稱問題之外，能夠比照處理高中九八課綱的模式，重組課綱委員會，慎選委員，針對課綱內容進行更澈底的檢討。事情如何發展，我們將積極注意。

另一件則是更嚴重的高中歷史課綱的問題。依照馬政府新修訂的高中歷史課綱，仍然延續杜正勝所提供的同心圓史觀，把台灣史與中國史對立，先教台灣史再教中國史，1949 年以後的中華民國是放在台灣史，而非中國史講。在歷史的脈絡上，台灣史隱然已經成了「國史」。在馬政府的歷史教育藍圖裡，沒有說中華民國不是中國，但是已經清楚地說，1949 年以後的中華民國不屬於中國史。這樣的國民意識與史觀的教化過程，等於把目前的中華民國澈底「去中國化」了。為此，兩岸統合學會再發表嚴正公開聲明，期望馬政府能夠懸崖勒馬，

「莫做自亡其史的天下第一人」,並積極防阻此一新課綱實行。

或許讀者不知道,馬英九在 2008 上任以後,杜正勝仍是歷史課綱的委員,而馬政府迄今只有微調的九八歷史課綱,就是當年在游錫堃指示下,由杜正勝強行主導通過的,直接背棄「憲法一中」,以「去中國化」,以塑造兩岸為「異己關係」、「一邊一國」為認同的課綱。

馬英九政府或許以為只要認同中華民國,就等於維持住了史觀。他們不瞭解,當中華民國的本質已經變質的時候,國民黨與馬英九政府的史觀其實就已經從「分治史觀」變質為「分離史觀」。與民進黨長期追求的「台獨史觀」不同,國民黨與馬英九政府選擇的是不放棄中華民國國號的「獨台史觀」。

偏安史觀:國民黨稱其為轉型史觀

再一件「獨台史觀」的社會教育情形。明(2011)年是「辛亥百年」,台灣會有一連串的慶祝活動。行政院政務委員曾志朗以「慶祝活動籌委會」秘書處副秘書長身分報告指出:慶祝百年,將「由全民詮釋歷史」,建立「中華民國在地化」的「轉型史觀」;「以在地多元的觀點,凸顯台灣精神與其特色,進而建立中華民國發展史上的主體論述,目標就是希望以『中華民國在地化』的『轉型史觀』,表現中華民國在台灣的中心理念」。以上這個名為「轉型史觀」的官方名稱,其本質其實就是一種「獨台史觀」。如果放在整個中國的歷史經驗來看,這就是「偏安史觀」。

我們再從台灣政治人物的言論來看。以最近陸委會主委賴

幸媛多次在美歐發表公開言論稱「台灣前途應由 2300 萬人決定」、「中華民國是個主權獨立的國家」，以及馬政府以「不統、不獨」為基本政策，這些政治言論都可以歸納為一個「獨台史觀」的社會化過程。「台灣前途說」基本上是民進黨早期「住民自決說」的延續，「主權獨立說」是「治權分立說」的刻意誤導，更是迴避了兩岸目前是「主權重疊」的憲政事實。

再從 2010 年 8 月馬政府公開發行一批新的「十元硬幣」為例，蔣渭水已經取代了蔣中正。在總統府的通訊網站中，已經有將蔣渭水喻為「台灣孫中山」的稱呼。民間已有認為這是「台灣的國父」的新造神運動。

以上種種均是國民黨逐漸往「偏安史觀」滑動的跡象。2011年是辛亥百年，國民黨會舉行一連串的大型活動，依照目前所公布的內容來看，都是為了強化中華民國在地化，即「中華民國是台灣」的論述。

從最近《聯合報》所公布的兩岸民意大調查來看，馬政府上任兩年多來，民眾對於台灣前途的看法逐漸朝「永遠維持現狀」發展，比率首次突破五成；另外，有一成六民眾主張儘快獨立，一成五主張維持現況以後再獨立，5％主張急統，9％主張緩統，過半數的 51％希望永遠維持現狀，僅 4％無意見。以上數據與《聯合報》在 2000 年 7 月，即陳水扁首次執政時所做的調查結果相比，民眾的統獨態度明顯轉變。主張急統或緩統者，十年來合計減少 15％，取而代之是主張永遠維持現狀者增加 19％，主張急獨或緩獨的比率也多了 5％。從政治社會化的觀點來看，這些數據當然不會是自然形成，而是長期政治人物的言論與政策所致。

　　從以上的數據可以看出，民進黨推動的「分離史觀」已有
成效，而國民黨並不去思考，是否應該將此一趨勢逆轉？我們
看到的是，基於這樣的民調結果，國民黨反而選擇再強化其「維
持現狀」的論述，不知不覺中將史觀完全導向「中華民國是台
灣」的「獨台史觀」的方向。從以上國語教科書、歷史教科書、
政治人物的談話，以及辛亥百年的慶祝活動內容，可以清楚看
出這樣的走向。

　　「獨台史觀」與「台獨史觀」在本質上並沒有多大差別，
都是以與中國大陸「分離」為基本核心。我們可以預期，如果
明年辛亥百年，台灣內部如果沒有一個強而有力的正確史觀論
述，其結果將使得「獨台史觀」與「台獨史觀」成為完全主導
台灣人民的史觀，這對於兩岸關係未來的發展，必然是一個不
幸的災難。這也是我們兩岸統合學會希望能夠在辛亥百年強化
兩岸「共同體史觀」以正視聽的原因之一。

史觀形成與產出的邏輯：史觀、論述、政策互為因果

　　「史觀」是「論述」的基礎、「論述」是「政策」的依據，
「政策」的實踐又會強化「史觀」的認知。三者之間有著因果
關係。不同的「史觀」反應出對於自己歷史與未來的看法，有
了看法，自然會形成相應的「論述」，也就是一種「說法」。
而包括憲政立場、外交、經濟、國防、教育等所有「政策」或
「作為」均為「論述」的產出。

　　民進黨以「台獨史觀」為基礎，進而以「一邊一國」、「台

灣是個主權獨立的國家」、「前途自決」為主要論述，視台灣獨立建國為最高價值與奮鬥的目標，認為與中國大陸分離為已存在的事實，如果要改變必須通過全體人民的公投自決。在軍事安全政策上積極依賴美日，在經濟上希望儘量減少對中國大陸的依賴，在歷史文化上企圖切斷與中國的關係。

國民黨目前的「偏安史觀」的論述則是「不統、不獨」的「維持現狀」，強調「中華民國是個主權獨立的國家」、「台灣前途要由 2300 萬人共同決定」，才能改變現狀。以「親美、友日、和中」為原則，在軍事安全上繼續積極依賴美國，在經濟上願意與中國大陸積極交流，但是在歷史教育政策上卻模糊或不尋求強化與中國歷史的關係。

北京目前存有兩種史觀，一是「內戰史觀」，一是「統一史觀」。「內戰史觀」所形成的論述，簡單地說，即「不承認中華民國政府的正當性」，並往往以「中華人民共和國是代表全中國的唯一合法政府」來表達。在這種論述下，必然是在國際外交上杯葛中華民國政府存在的事實，在軍事安全上壓制台灣。北京「統一史觀」的論述則是「和平統一、一國兩制」，政策當然就可以包括「爭取台灣人民」的經濟政策，加強兩岸交流的文化社會政策，但是統一後的台灣，最多只是個高度自治的特殊行政區。

北京的「內戰史觀」與「統一史觀」與台北方面的「分離史觀」（包括「台獨史觀」與「獨台史觀」）恰恰成為了兩個對立的史觀，也自然形成了兩個對立的論述，也產生了會有衝突的政策。

台北方面必須思考，不論是「台獨史觀」或「獨台史觀」

是否真能為台灣人民帶來利益？長遠來看，反而可能減弱了台灣在面對中國大陸時的參與機會，甚而因為選擇獨立而給台灣自己帶來災難。北京方面必須思考，如何在終結「內戰史觀」與完成「統一史觀」中間，建立一個有助於兩岸和平發展、共榮共利，屬於兩岸和平發展期的史觀，讓兩岸可以在這樣的史觀下發展論述並推動符合兩岸人民整體利益的政策？

探索正理：建立兩岸共同體史觀

　　兩岸統合學會透過《中國評論》月刊已經完整地發表以「一中三憲、兩岸統合」為內容的「一中同表」論述，並以「文化統合、貨幣統合、經濟統合、身分認同、安全認同、國際參與、基礎協定」等七大願景（因為我們不是政府，談不上是「政策」，只能是願景或夢想），建議兩岸做為政策的參考（張亞中著《統合方略》一書已經出版，讀者可以在網路上免費全文下載）。2011 年是辛亥百年，在這麼一個值得紀念的日子，兩岸統合學會準備拍攝一部《百年中國：迷悟之間》紀錄片，喚醒一個為兩岸人民所遺忘的「共同體史觀」。

　　這部以「共同體史觀」為內容的紀錄片，是以「兩岸同屬整個中國」為核心概念，以百年來中國的現代化挑戰與進程為影片的舞台。透過紀錄片，我們希望傳達在追求現代化的過程，兩岸本來就是個命運共同體。由於中國在現代化的起跑道路上輸給日本，台灣被迫割讓給日本，即為一例。我們並希望傳達，當整個中國做為一個共同體被撕裂時，人民是沒有辦法安居樂業，整個國家必定是內憂外患，也難逃西方帝國主義的

介入。我們也希望告訴兩岸，共同建構一個繁榮健康的中國，才容易得到台灣人民的認同，而一個反獨關懷大陸發展的台灣，才能得到大陸的尊重。我們還希望探討 1949 年以後，兩岸分別做為現代化的試驗場域，彼此有哪些經驗是可以相互學習？當然我們也希望傳達，整個中國現代化的成功必須要由兩岸相互學習與參與；台灣與大陸不可能不管對方而獨自完成現代化的目標。唯有以兩岸是一個「命運共同體」的認知在現代化的道路上相互提攜合作，才能夠真正為兩岸創造和平與發展。

建構共同體史觀之探索

瞭解問題才能解決問題

兩岸定位與民族、國家、主權、治權及權力的關係

    (一)主權：單一、分離或重疊？

    (二)治權：差序、分離或分立

    (三)主權、治權與權力：差序或平等不對稱？

分離史觀與主權、治權、權力的關係

    (一)顯性台獨：激進無力的分離主義

    (二)隱性台獨：借殼上市的分離主義

    (三)顯性獨台：登堂入室的分離主義

    (四)隱性獨台：黨格分裂的分離主義

    (五)分離史觀的災難與虛幻：貓鼠論與抓貓論

為何兩岸共同體史觀與論述是最佳選擇

    (一)為何統一史觀講不過分離史觀？：人性的一面

    (二)共同體史觀可以化解分離史觀：尊重與包容是正道

瞭解問題才能解決問題

2010 年 10 月初，撰寫完〈建立兩岸共同體史觀(一)：現有史觀的問題在哪裡〉（刊登於《中國評論》，2010 年 11 月號，總第 155 號）一文。為了瞭解大陸朋友的看法，特別在 10 月底藉參與二十一世紀基金會與上海國際問題研究院共同舉辦研討會的機會，另走訪上海台研院、上海東亞所，隨後出席 10 月 27 日在廈門大學台灣研究院舉行的「兩岸政治定位高階對話」研討會，接著去北京一趟拜訪了中國社會科學院台灣研究所與中華文化發展促進會。

在多次訪問與座談會中，我嘗試將目前兩岸現有的各種史觀與共同體史觀做詳細的分析，大陸學者專家，包括上海台研所俞新天所長及倪永傑副所長、上海東亞所的胡凌煒副所長、上海國際問題研究院的楊劍副院長及嚴安林所長、廈門大學台灣研究院的劉國深院長、北京中國社科院的余克禮所長及朱衛東副所長、中華文化發展促進會的辛旗副會長及鄭劍秘書長，均針對兩岸現有史觀提出了寶貴的看法。

記得一次在分別與《中國評論》郭偉峰社長與周建閩副總編輯談論時稱，提出理論與論述目的是為了解決問題，而不是為了創新理論。解決問題是目的，理論創新只是工具。在《中國評論》期刊上鍥而不捨、不斷修正地探討與辯證兩岸核心問題，不是為了捍衛自己的理論與論述，而是希望能夠與時俱進地找到解決問題的途徑與方法。「一中三憲、兩岸統合」，就是在這樣的思路下不斷深化與精進。

在討論問題時最大的一個困境，就是彼此是否使用的語言都有相同的意涵？如果彼此在語意上無法相同，對同一詞語有不同的解讀空間，那麼在進行探討與分析時，就容易產生錯誤。

這一篇文章，我想將這一趟上海、北京與廈門之行的收穫，補強已經發表的上一篇文章，用幾個圖表的方式來陳述，以方便讀者更容易瞭解兩岸共同體史觀的思路。畢竟對問題愈深入瞭解，愈容易找到解決問題的方法。從問題上可以發現，兩岸共同體史觀應是兩岸目前最佳的選擇。

兩岸定位與民族、國家、主權、治權及權力的關係

首先，我將兩岸定位與民族、國家、主權、治權及權力的關係製成如**表 2-1**。

(一)主權：單一、分離或重疊？

主權、治權與權力是三個不同的概念，或許容易從字義上可以分別出彼此的差異，但是在實際陳述問題上，經常將三者混為一談，特別是主權與治權容易區分不清楚，原因在於主權是一個看不見的東西，它必須透過權力才能彰顯。政府行使主權的權力，可稱之為治權。主權與憲法都有宣示的意涵，只是主權是用在對外，宣示自己的獨立與自主性；憲法是用在對內，用以拘束與保障自己人民行為的規範。

在主權方面，所稱「單一主權」是指兩岸均主張自己才是中國主權唯一擁有者。例如，北京的憲法與「一國兩制」政策

表 2-1　民族、國家、主權、治權、權力關係下的兩岸定位

民族表述	一個中華民族原則						有兩族的可能性（分離史觀與論述）
國家表述	一個（整個）中國原則				兩個國家原則（分離史觀與論述）		
兩岸定位	一國兩制	一國兩府（席）	一國兩區	一中三憲（整個中國原則）	兩個中國論：中華民國與中華人民共和國	特殊國與國關係（不清楚界定台灣方面是中華民國或台灣國）	一中一台論：中華人民共和國與台灣國
主權	兩岸為單一主權			兩岸主權重疊	兩岸主權分離		
治權	差序	不清楚	互不否認	分立	分離		
權力	應均接受在國際間之不對稱						

作者自製。

認為中國的主權是屬於中華人民共和國，台北的憲法與《國統綱領》則認為主權是屬於中華民國，主權涵蓋全中國。

　　「一國兩府」或「一國兩區」等主張，基本上都是以「單一主權」為基礎，所說的「兩府」或「兩區」均為治權的描繪。「兩府」指的是兩個行使治權的政府，「兩區」是兩個行使治權的地區。

　　台灣方面部分政黨或人士所提出的「特殊國與國」、「兩個中國」或「一中一台」均是以兩個互不隸屬的主權國家為基

礎，屬於「異己關係」的「兩個國家」。雖然都是「異己關係」，但還是有不同差別，「兩個中國」認同兩岸都是中華民族，可是「特殊國與國」與「一中一台」的論述，有可能包括兩岸為兩個不同的民族，一個是中華民族，一個是台灣民族，前者是從堯舜禹湯文武周公……迄今，包括漢滿蒙回藏的五大族所共同建構的中國史；後者是原住民、閩南、客家、外省等台灣四族群所共同經歷的台灣史，兩個民族有血緣關係，但是政治上不同。「兩個中國」是「一族兩國」論，但是，「一中一台」有可能是「兩族兩國」論。

有一種國族建構的途徑是用社會發展程度或意識形態為工具。例如，1974 年以後的東德認為，西德是德意志資本主義民族，東德自己是德意志社會主義民族。由於國族認同本來就包括制度認同在內，因此，台灣有些人是以兩岸制度差異做為國族認同的主要說詞，他們認為，台灣在民主自由的發展上超過中國大陸，因此無法與中國大陸產生共同的認同，也因而將兩岸制度發展不同做為「兩個國家」論述的基礎。知名文化人龍應台對著大陸說，「請用文明來說服我」，用文明發展來做為兩岸異己的依據，就是這樣史觀與論述下的產物。

國民黨政府一直認為中華民國是個主權國家，在《國統綱領》期間，認為主權涵蓋全中國，亦即包括大陸地區。但是，在李登輝鞏固權力以後，表述的方式轉為中華民國是個主權獨立的國家，多了「獨立」兩字。配合主權表述的改變，在民族認同上，李登輝創造了包括「外省、本省、客家、原住民」的「新台灣人」認同，用以區別與大陸「中國人」的認同，使兩岸在主權、民族認同（合起來即是國族認同）上均成為兩個「異

己關係」的政治體。

　　「異己關係」下的「特殊國與國」，可以是同為一個中華民族下的兩個國家，即「一族兩國」，但是也可能是兩個不同民族下的兩個國家，即「兩族兩國」。李登輝及其接任者在對外政治表述時是採特殊關係下的「一族兩國」，但是在歷史文化教育方面，則是進行一點也不特殊的「兩族兩國」的建構。這個異己關係的結構，經由李登輝與陳水扁長達十餘年的執政，馬英九政府在 2008 年上台以後，並沒有打破這個結構，也開始跟著喊主權獨立。

　　就國際法而言，一般來說，「主權國家」一詞已經包含了完整的國際法人概念，不需要再用「獨立」這個累贅詞。主權獨立國家這樣的用語，有其政治性的目的，民進黨這樣主張，有其一貫的政治立場，國民黨也跟著喊，則凸顯出其論述的矛盾性。依照憲法，中華民國的主權涵蓋全中國，當自己又主張是個主權獨立國家的時候，產生兩個問題：第一，在北京的中華人民共和國是個什麼？是個隱形國家？第二，獨立於誰？當然不會是獨立於美國或日本等其他國家，「主權獨立」的用語很清楚地隱含了兩岸是「一邊一國」的意涵。

(二)治權：差序、分離或分立

　　在治權方面，北京的憲法與「一國兩制」政策是將台灣視為有高度自治的特別行政區，因此，是以「治權差序」的方式來界定。《國統綱領》中對於「治權」關係的描繪是用「不否定對方為政治實體」的方式表達，將兩岸治權放在一個相互尊重與對等的基礎下來運作。

　　「一國兩府」並沒有清楚地明確說明誰是中央政府與非中

央政府。基於任何一個主權國家均只有一個中央政府，如果「一國兩府」是以「單一主權」為基礎，那麼「兩府」就必然只有一個中央政府的治權，在「單一主權」的前提下，「一國兩府」的論述其實與「一國兩制」沒有什麼多大的差別。但是如果強調「兩府」均為中央政府，那麼「單一主權」的前提就必須接受挑戰了。

「兩個中國」、「特殊國與國」、「一中一台」等論述因為已經接受了相互為主權獨立國家的「主權分離」觀，因此在治權上自然也是分離的。

(三)主權、治權與權力：差序或平等不對稱？

在權力方面，由於在國際間是以有形的物質權力做為大小的指標，中國大陸在這一方面是超過台灣，因此，在國際間兩岸處於一種權力不對稱的狀態，對於這個事實是兩岸政府與人民並沒有多大異議。

「一中三憲」的主張在主權、治權的論述方面，與其他主張均有不同。首先，「一中三憲」主張兩岸的主權是「重疊」，兩非「單一」或「分離」。由於兩岸目前的憲法均主張涵蓋全中國，因此最能夠滿足現狀的主張，就是視兩岸憲法所規範的主權為重疊。在「主權重疊」的認同下，兩岸均沒有分裂整個中國的權利，而有追求主權，從「重疊」到「合一」的義務。

「主權重疊」所衍生出來的論述，即中國的主權屬於兩岸全體中國人民，非任何一方所能獨占或獨享，這也是一直呼籲在「一中新三句」後面再加一個第四句「中國的主權由兩岸人民所共有與共用」的理由。

在治權方面,我們主張兩岸治權為分立,這一方面與北京不同,北京認為兩岸的治權為差序,北京為中央,台北為地方;也與台北不同,台北認為兩岸的治權應該是對等,理由在於中華民國或台灣是個主權獨立的國家,主權獨立,治權自然獨立,兩岸應為對等。我們的看法是,兩岸治權的法理來源均為自己的憲法,應該是法律上的平等,但是在落實為權力時,兩岸的確產生不對稱的現象。「平等不對稱」是兩岸治權基礎與權力展現的現狀。

有關這一點,廈門大學舉行的「兩岸政治定位高階對話」研討會中,劉國深院長所提出創意的國家球體理論,在治權方面也是持「治權差序」的看法。人民大學黃嘉樹教授提出著名的兩岸為「1 比 0.6」之說。他們兩位都是我一向敬仰的學者,但是我認為,由於治權源於主權,劉院長「治權差序」隱含了兩岸的「主權差序」,黃教授的「1 比 0.6」係指行使治權有效的權力範圍。一個較為符合現狀與精確的說法是,兩岸在治權方面是「平等不對稱」,兩岸治權來源是平等的,均由自己的憲法所授予,但是治權所產生的權力是不對稱的,就好像社會中,每個人擁有權力的來源均為平等,即均享有憲法上的權利與義務,但是每個人行使權力時卻是有不對稱的現象。

「平等不對稱」的觀點落實在未來的兩岸政治互動或共同體時就可以處理「差序」或「1 比 0.6」主張所無法妥善處理的問題,後者似乎隱含著未來兩岸互動時無論在質(本質)量(範圍、大小)上均有差序,「平等不對稱」則是在某些涉及本質的部分是平等的,但是在涉及權力的範圍與大小時是不對稱的。這一點,聯邦制國家參議院(平等)與眾議院(不對稱)的設計,歐洲共同體理事會(平等)與歐洲議會(不對稱)的

設計均有相當高的參考價值，他們也都是在治權上「平等不對稱」的實踐者。

分離史觀與主權、治權、權力的關係

在從主權、治權、權力三個層次分析兩岸目前現狀後，我們將重點放在這三個層次目前在台灣所呈現出來的史觀有何不同，應該如何釐清不同的用語。目前台灣方面所呈現不同的史觀可以用「隱性獨台」（俗稱偏安）、「顯性獨台」、「隱性台獨」、「顯性台獨」四個類別（如**表 2-2**）。

表 2-2　分離史觀的類型與差異

定性	隱性獨台	顯性獨台	隱性台獨	顯性台獨
主張	一方面不主張修改目前的「一中憲法」，一方面主張中華民國是個主權獨立的國家，開放台灣 2300 萬人對於未來前途的選擇	不接受目前的「一中憲法」，主張中華民國是一個主權獨立的國家，任何改變現狀必須經由台灣 2300 萬人共同決定。以中華民國第二共和自我定位	台灣已經是一個主權獨立的國家，目前的名字是中華民國。要改變目前的現狀，必須經由台灣 2300 萬人民公投決定	正名制憲，追求一個台灣民主共和國
公投的角色	不願意碰觸公投議題	保留統獨公投的選擇，不過視公投為維護現狀的防禦性工具	在追求正名方面，視公投為攻擊性工具，在維護現狀方面，視公投為防禦性工具	視公投為攻擊性工具

(一)顯性台獨：激進無力的分離主義

　　表 2-2 最右邊是所謂的基本教義派，這也是在台灣民主化以前，追求獨立者的基本論述。顧名思義，「顯性台獨」明確地以建立台灣國為最終目標，他們希望透過公投達到「正名制憲」的目標。

　　目前修憲的門檻很高，任何修憲都已經很困難，以摧毀現有憲法的制憲方式反而更容易。不過，任何有政治常識的人都會知道，這是一個不切實際，而且必然會給兩岸帶來災難的主張。這個主張者人數不多，但是由於其立場堅定，動員能力強，在民進黨初選過程中，經常可以發揮關鍵少數的影響力，而使得其自認為有其市場，而民進黨也因而被其綁架，難以在兩岸政策上做大幅度調整。

　　「顯性台獨」基本上是說說而已，成不了什麼氣候，因為他們沒有辦法付出任何追求獨立者幾乎必然會付出的代價，即流血。簡單地說，他們自己對於追求台獨的熱情還沒有到「拋頭顱、灑熱血」的地步，台灣社會也不會容許他們以恐怖主義的方式去追求理想，國際社會也不會為激進台獨可能產生的後果背書。

(二)隱性台獨：借殼上市的分離主義

　　一群當時民進黨的菁英，很早就看出來必須調整自己的論述。在李登輝已經獲得政權，在台灣已經全面民主化後，他是清楚地瞭解到這是建立「隱性台獨」的時機。所謂「隱性台獨」就是認清楚，明的、激進的推動台獨不可行，暫時隱蔽起來，累積分離主義應該有的能量，等待一個千載難逢的時機來臨。

　　1999 年民進黨的〈台灣前途決議文〉就是「隱性台獨」的產物，他們是知道自己不可能追求一個獨立的台灣國，但是又不願意告訴人民事實，只好換個說法，即暫時接受中華民國這個殼，但是仍以台灣國為最終目標，但是也明確地表示，主權僅及於台澎金馬。

　　「隱性台獨」最大的一個改變，即「公投」不再是為了改變現狀的工具，而是為了「維持現狀」的防禦性工具，認為要改變目前兩岸分離的現狀，必須經由台灣 2300 萬人的公投決定。他們刻意地曲解「維持現狀」的真義，就憲法而言，當主張中華民國主權限縮時，憲法上的現狀就已經被改變了。所謂「用公投防禦現狀改變說」其實是一種似是而非、自我滿足、自我催眠、不願面對事實的一種說法而已。

　　在策略上，「隱性台獨」還發展出了「穩健台獨」或「柔性台獨」等說法。這些台獨主張者，既務實又有期待。他是務實地認識到整個國際局勢與中國大陸的崛起不可能讓台獨成真，但是他們更期待一個天上掉下來的機會，例如中國大陸社會的崩解或東亞情勢的結構性變化，這樣他們就有機會實現其目標。

　　「隱性台獨」者與大陸的「統一論」者對於「時間」這個因素在兩岸關係可以產生影響的看法有 180 度的不同。兩者都認為時間站在自己這一邊。大陸的統一論者認為，只要中國大陸能夠把經濟搞好，讓台灣經濟對其完全依賴，統一必然是水到渠成之事，倘若台灣不乖，只要收緊兩岸經貿的袋口，台灣必然完全就範。「隱性台獨」者認為，利用教育文化的方式，讓台灣人民無論在主權、歷史、制度上，均認同兩岸已經是一

個異己的國家關係。台灣經年累月的選舉也的確給了他們創造台灣國族認同的機會,透過選舉操弄或綠營色彩媒體,將中國大陸塑造成一個打壓台灣的他群,用以強化台灣本土的我群意識。他們習慣把兩岸稱之為中國與台灣。他們認為時間拖得愈久,這個異己關係的結構愈鞏固,台灣內部就愈來愈沒有人感挑戰這個結構,未來要打破的代價也就愈高。

(三)顯性獨台:登堂入室的分離主義

「隱性台獨」的再一步退後,或者可以說,為了要解除台灣人民對民進黨的根本疑慮,民進黨有可能往「顯性獨台」的方向轉移。「顯性獨台」與「隱性台獨」最大的不同在於如何看待《中華民國憲法》。「顯性獨台」明確地表示,不接受目前的「一中憲法」,認為其是舊時代的遺留物,但是他們可以接受中華民國這個國號,不過在政治教育上要拿掉與 1949 年以前與中華民國有聯想的圖騰,他們準備以「中華民國第二共和」自我定位,主張中華民國已經是一個主權獨立的國家,領土為台澎金馬,沒有必要再宣布獨立,也沒有需要再正名,任何改變現狀必須經由台灣 2300 萬人共同決定。

「顯性獨台」與「隱性台獨」的差別,在於前者也開始捍衛中華民國,在面對大陸,由敵視轉換為和平態度,但是兩岸為「異己關係」的定位並沒有絲毫改變。他們也主張要與大陸發展經貿關係,建立一種互惠而不是歧視、和平而不是衝突、對等而不是從屬的關係。他們可以接受兩岸有歷史、文化、血緣上的關係,但是更希望兩岸能夠從地緣政治、區域穩定、經濟利益等地理與經濟角度的著眼,創造一種所謂的兩岸共生共榮、互信互利的美好前景。

在這樣以「地理與經濟利益」為基礎，而非民族發展為核心的異己關係的定位下，統一可以是一個選擇，但不是一個必然的選項，強調現階段兩岸是一個互不隸屬、相互獨立的個體。他們也可以主張「不統、不獨、不武」：「不統」是堅持「顯性獨台」的基本立場，也是向美日的承諾；「不獨」意指「不宣布獨立」，因為他們早就認定台灣早已主權獨立；「不武」則是向北京的道德性喊話，凸顯北京的武力粗暴。這些均可能是民進黨未來面對 2012 年大選的論述。

(四)隱性獨台：黨格分裂的分離主義

相對於「顯性獨台」，「隱性獨台」則是一個在論述上充滿邏輯矛盾的主張。一方面不願意否認「一中憲法」，即中華民國主權涵蓋全中國；一方面又主張中華民國是個主權獨立的國家，2300 萬人有決定自己前途的權利。這是一種國格分裂的論述，「一中憲法」內沒有「台獨」的選項，但是「開放自由選擇」就隱含著「台獨」可以是台灣前途未來的選項之一。

雖然在憲法上，「隱性獨台」維護「一中憲法」，但是在歷史文化教育上卻已經將 1949 年以後的中華民國從中國史部分抽出，放在台灣史部分。例如目前正在審訂的高中第一學期的「台灣史」部分，單元依次為：「早期台灣」、「清朝統治時期」、「日本統治時期」、「中華民國時期：當代台灣」。在高一第二學期與高二第一學期前半段「中國史」部分，單元依次為：「先秦時代」、「秦漢至隋唐」、「宋、元、明與盛清」、「晚清的變局」、「中華民國的建立與發展」、「當代中國與台海兩岸關係」。其中當代中國單元的具體主題為：「毛

澤東時期」、「鄧小平時期」。

　　在外界眼光看來，馬英九政府毫無疑問的不是個分離主義者，但是在他任內所規劃的高中歷史教科書竟然出現了分離主義的史觀。新的歷史教科書仍然維持「台灣史、中國史、世界史」的依次教學脈絡，沒有更動李登輝時代啟動、陳水扁時代所留下來的同心圓結構。馬政府的歷史教科書雖然沒有明說中國史是否是外國史？但是確定中國史與台灣史並列，兩個是不同的歷史軸線。1949 年以前的中華民國是放在中國史，但是1949 年以後的中華民國則是放在台灣史的部分，而非放在中國史的部分講授。

　　或許北京會感到很高興，因為台北的中華民國政府已經在教科書中把中國歷史的正朔地位讓給了北京。在中國史部分，1949 年以後的歷史是由中華人民共和國來接續，並在教科書中承認，這是「當代中國」。這反映出台灣目前的主流心態：「不想與你爭正統了，你是你，我是我，中國由你代表，我只是台灣。做生意可以，其他就不要多說了吧！」

　　這樣的歷史教科書確定了兩岸是一個異己關係。一個大哉問：「中國史到底是不是我們的歷史？」這個問題也許在教科書上沒有回答，但是在教科書的排序上，卻回答了：中國史從1949 年以後不是中華民國的歷史，「一邊一國」的史觀已經形成。但是由於國民黨在政綱上仍然沒更動「一中憲法」，因此，我們以「隱性獨台」稱之。另一個比較通俗的名詞就是「偏安」，希望可以承續自己的法統，但是又不願意再與對手爭正朔，滿足現狀的安逸。簡單一句話：得過且過。

　　站在「一個中國」的立場，「顯性獨台」、「隱性台獨」、「顯性台獨」所展現出來的心態就是「逃」，「隱性獨台」（偏

安）則是「避」，即碰到自我定位問題，能閃就閃，能躲就躲。
相對於前三者在主權、治權立場上的明確，偏安者則說不清
楚。因此，在論述上，「隱性獨台」不是「顯性獨台」的對手，
當「顯性獨台」只要做一件事，即宣布接受中華民國，並向國
民黨發出一項質疑，要國民黨說清楚，「中華民國的主權到底
是否涵蓋全中國，還是只是限縮在台澎金馬」，它就可以等著
看國民黨慌亂解釋、自亂陣腳了。

(五)分離史觀的災難與虛幻：貓鼠論與抓貓論

以上四種論述，無論是顯或隱、台獨或獨台都是屬於分離
主義的範疇。記得《中國評論》社長郭偉峰在 2010 年 4 月日
本的本栖會談中提出「貓鼠論」，衍生如果兩岸在認同上出現
了「貓與鼠」而非「貓與貓」的關係，那麼兩岸必然會矛盾而
無法和平相處。換言之，如果台灣方面堅持自己的整個中國認
同，那麼即使兩岸目前在權力是屬於不對稱的狀態，北京還是
得對台北給予尊重。只要兩岸在主體身分上是一致，不應該發
生異類相殘的情形，更何況，依照郭社長的說法，用年歲來算，
台北方面已是百歲老貓，北京只是個剛剛耳順的六十歲小貓，
雖然老貓外在「實力」稍差（即物質權力較小），但是兩個在
一起，小貓還是得對老貓多尊重與讓利些。

從「貓鼠論」的簡單寓言，可以清楚地瞭解，獨台與台獨
最終會是一個災難。由「貓鼠論」更可以看出，當「隱性獨台」
與「顯性獨台」合流時，表面看起來似乎分離主義的趨勢逐漸
形成，但是這股力量愈強，兩岸的災難可能性就愈大。

我也願意提供一個「抓貓論」來比喻獨台與台獨理論在現

實世界中的虛幻:「隱性獨台」是在一間黑房間裡面抓黑貓;
「顯性獨台」是在一間沒有黑貓的黑房間裡面抓黑貓;「隱性
台獨」是在一間沒有黑貓的黑房間裡面抓黑貓,然後大聲叫
說,「抓到了」;至於「顯性台獨」則是走出黑房間,雙手空
空,但是仍然大聲向眾人說:「黑貓在這裡!」

為何兩岸共同體史觀與論述是最佳選擇

在討論完分離主義的相關論述後,回到我們要討論的史
觀、論述與政策三者的關聯。

前面提及 2010 年 10 月間曾走訪上海、廈門、北京等地請
益。在此要特別值得感謝的是,北京國台辦的研究局長黃文濤
先生在廈門大學的會議中,對於北京目前的史觀提出了補充的
見解。他認為在我所提出的「統一史觀」與「內戰史觀」之外,
2008 年底胡錦濤先生的胡六點可以視為一個新的史觀與論
述,黃局長提出了「民族發展史觀」的說法。這樣的詮釋,的
確補足了我在評析北京論述與史觀的不足。

與兩岸目前各政黨與兩岸統合學會對於兩岸史觀、論述與
政策的比較繪圖如**圖 2-1**,由於篇幅,不再逐欄解釋。

(一)為何統一史觀講不過分離史觀?:人性的一面

或許很多人會認為,即使分離史觀與論述在現有的政治現
實下是不足取,為何在台灣接受的程度逐漸提高,甚而連國民
黨也參與了建構工作。在〈共同體:兩岸統合與第三憲的樑柱〉
(《中國評論》,2009 年 10 月號,總第 142 期)一文中已經
詳細地陳述了兩岸認同為何會持續折裂的政治與社會因素。在

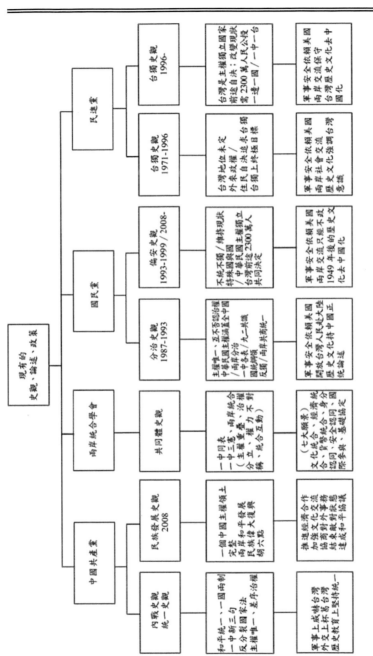

圖 2-1　兩岸史觀、論述與政策

這裡討論一點，即為何「統一論述」總是無法說服「分離論述」？我們必須冷靜且客觀地看這件事。

聯合國在成立時只有 51 個國家，現在已有 190 多個會員國，而在這段期間，完成統一的只有南北越、南北葉門與東西德。簡單的結論：尋求獨立的國家遠遠超過要合併統一的國家。中國有句俗語：「寧為雞首，不為牛後」，「當家作主」總是比「共體時艱」或「我們都是一家人」較容易有號召力。如果從個人來看，大多數小孩子在成年有能力以後，多不希望與父母住在一個屋簷下，而希望自己能夠獨立成家立業。這也是為何「回歸」或「合併」的論述總不是「分離」論述的對手。

另外，就像不願意面對問題、追尋「安逸」，也是人的某些天性一樣，「偏安」符合一些弱勢政權的習性。南宋與東晉的偏安不就是很好的例子嗎？他們在南方已經有了豪宅沃土權位，何必再回到北方去爭去搶？祖逖的故事是大家都熟悉的，祖逖企圖北伐，朝廷既不給人，也不給糧草，一切任由他自生自滅，這樣的朝廷「偏安」政策當然也就決定了東晉「小朝廷」的格局。

回到我們個人的例子，在福建時碰到很多早期從山東或山西來的朋友，對他們而言，南方是太好了，他們承認北方是他們的故鄉，但是自己的家與事業都在南方，慢慢地，他們不想再回去，也回不去了。故鄉成為了他鄉，個人尚且如此，政權更是如此，偏安也就成了理所當然的事了。昔日還有豪情與大陸競逐下的台灣，看到日益崛起的中國大陸，逐漸失去信心，「偏安」也就是在「恐懼」下的必然心理反應。國民黨的馬英九不就是正在走這條路嗎？

不過，這些偏安的政權總是會想一些正當的理由告訴自

己,他們不會說沒有能力與氣魄去爭天下,而會說,北方政權的文明素質不高,不想與其為伍。南宋不就是這個例子嗎?前面提過,龍應台「請用文明來說服我」的說辭,民進黨將台灣民主「神化」,不就是同樣的心態嗎?

由於獨立或偏安有太多人性的理由,統一的道理總是沒有辦法說服分離主義者,所以,歷史統一幾乎從來不是用講道理,而是用流血的方式完成。

(二)共同體史觀可以化解分離史觀:尊重與包容是正道

如果事實發展果真如此,那麼兩岸之間真的只有暴力解決的宿命嗎?不然!兩岸共同體的史觀基本上是一個民族共同發展的史觀,「一中三憲」的主張,確保兩岸互為主體,又共有主體,它們不是「單一」或「分離」的二重選擇。「兩岸統合」則是透過共同體的建立,兩岸如何由「合(主權)有分(治權)、分(治權)求合(治權)」的途徑。在這樣的共同體機制下,「權力不對稱」並不會造成被併吞或消化的結果,反而是透過共同體的建立,讓兩岸在整個中國人的事務上可以「共同治理」。

如果「統一論述」說不過「分離論述」,那麼「共同體論述」絕對可以化解「分離論述」。畢竟這不是一個互為獨立的原子社會,而是一個相互依存的有機體世界。兩岸更是無論在歷史、地理與未來都是一個命運共同體,面對這一個事實,要一昧追求分離,還是尋求共同體的雙贏,道理是再清楚不過了。

相對於「統一」與「分離」是光譜的兩端,「共同體」卻

與「統一」更近了，兩者的史觀與論述有高度接軌性。這也是
為何在文章中多次呼籲我們應把兩岸目前的「和平發展期」定
位為「統合期」或「共同體期」，並以此為努力的近程目標。

共同體史觀之呈現

前言：喚起共同記憶、尋找共同認同

名稱：為何以《百年中國：迷悟之間》為名

  (一)為何用「百年中國」，而不是「建國百年」或「辛亥百年」？

  (二)為何用「迷悟之間」，而不是「是非之間」或「對錯之間」？

主軸：現代化的進程與命運共同體

  (一)在現代化的道路上摸索

  (二)我們都是命運共同體

結構：從「千年巨變」到「百年之悟」

訪談：集兩岸菁英共成大事

足跡：重回歷史場景

後續：史觀的傳播與深入社會

期盼：百年之渡、渡過迷悟

前言：喚起共同記憶、尋找共同認同

每個人都有從前，每個民族都有歷史。如何認定過去，就決定如何面對未來。因此，史觀並不僅是如何看歷史，更是如何看未來。

有人選擇遺忘過去，有人選擇曲解記憶。或許在遺忘中可以自我逃避、在曲解中可以自我安慰，但是歷史畢竟是歷史，遺忘與曲解只是自我的畏縮，不僅破壞所有群體的共同記憶，也使得未來失去共識。

在這樣的認知下，兩岸統合學會希望透過一部紀錄片，幫助兩岸全體中國人與海外的華人，共同回憶我們曾經走過的路，讓選擇遺忘的人重拾記憶，讓曲解的人瞭解真實。

這部紀錄片，不僅僅是一部紀錄片，它不僅是找尋某一事件的究竟真實，也是記錄近百年來，四個世代走過的風風雨雨；它不僅是發掘時代的故事脈絡，更重要的是想告訴人們，我們應該從什麼角度來理解過去。

兩岸從 1949 年開始分治，政治上的對峙自然需仰仗史觀的零和教育支撐。因此，共產黨與國民黨對於現代史的認識是不同的。1990 年代民主化以後的台灣，由於國民黨與民進黨的政權之爭，雙方也分別對「中華民國與台灣」的關係進行不同歷史詮釋，以圖合理化自己的行為。

2008 年起，兩岸關係快速進展，關係的改善也促使兩岸必須重新認識現代史。彼此在一些問題上開始有了交集，但是仍有不少的歧異，其中有的是歷史記憶不同，有的是記憶的選

擇不同，也有因為對未來路線看法不一而刻意曲解歷史。

　　北京從傳統互爭生死的國共「內戰史觀」往「民族發展史觀」調整（請參考張亞中，〈建立兩岸共同體史觀(二)〉，《中國評論》，2011 年 1 月號，總第 157 期，表 3）。台北方面卻是往另一個方向變化。為了爭取執政，1999 年起民進黨透過〈台灣前途決議文〉，接受了中華民國暫時做為國號，算是結束了他們的激進台獨訴求，但仍沒有放棄屬於「台獨史觀」的「被殖民論述」。經歷了李扁十餘年的去中國化教育與政治操弄，即使國民黨的馬英九在 2008 年上台，其史觀也並沒有調回到國統綱領時的「一個中國」為基礎的「分治史觀」觀點，反而是逐漸往只談中華民國，避談「中國」的「偏安史觀」滑動（張亞中，〈爾憂選舉、我憂兩岸：2012 後有無兩岸和平協定？〉，《中國評論》，2011 年 7 月號，總第 163 期）。

　　國、民兩黨所代表的「偏安史觀」與「台獨史觀」，其共通點就是減少對 1949 年以前在大陸的歷史關注，而著重 1949 年以後在台灣的政經社會發展。兩黨相異點在於，「台獨史觀」視 1990 年代以前國民黨的統治多屬負面，將歷史簡化為 228 事件對台灣造成的災難，以及民進黨為台灣民主的貢獻。

　　雖然隨著兩岸關係改善，在面對台灣時，北京已減少「內戰史觀」的表述，而將民族發展或復興做為看待歷史與未來的論述，但是由於兩岸政治不改敵對，北京仍然沒有處理如何面對中華民國政府的定位問題，因而也就難以用客觀的態度來面對自辛亥革命以來，國民政府在各類歷史事件中的作為。

　　2011 年是辛亥百年。一百年應該是個難得的時間去回顧我們走過的歲月，但是在目前兩岸政治仍然敵對、台灣內部藍

綠又各有所圖的情況下，很難期待哪一個政府、哪一個政黨，可以用中正和平的態度、客觀包容的精神，來回憶過去、反省歷史。既然很難做，政府政黨也不願做，在這重要的百年歷史時刻，總要有人做吧！捨我其誰的心境，油然而生。

認同是兩岸和平的基礎，不同的史觀會強化自己的立場、否定對方的主張，從而使得雙方缺少共有的認同。在辛亥百年之際，兩岸統合學會認為有必要透過一部紀錄片的反省，讓兩岸所有中國人與海外的華人能夠從過去找回認同、看到未來應走的道路，這是我們製作《百年中國：迷悟之間》紀錄片的緣由。

名稱：為何以《百年中國：迷悟之間》為名

(一)為何用「百年中國」，而不是「建國百年」或「辛亥百年」？

第一，我們不是純粹站在 1911 年辛亥革命這個時間座標點上回顧過去，要反省的是一百多年來中華民族所面臨的苦難及所做的各種嘗試。「百年」這兩個字，在紀錄片中是一個籠統的數字用語，它的起點不是辛亥革命，是從鴉片戰爭後中國人面對前所未有的變局開始。

第二，「中國」一詞不是單指中華民國或中華人民共和國，而是指在中國這塊土地上所有經歷這段歷史人們的共有符號，包括 1949 年以後兩岸各自發展的歷史。在地理上，中國包括了中國大陸與台灣，即使是 1895 年割台後的台灣人民在

百年中國的歷史中也包括在內。「中國」是一個整體的概念，不是政府的代稱。我們一直認為，兩岸不能脫離中國，但是也不可一方獨占「中國」這個應屬於所有中華民族的話語權。

另外，由於李扁十餘年來去中國化的教育，「中國」一詞已經逐漸被異化，它不僅已經不再是中華民國的代稱，而是另一個「他者」政權的符號，甚而連國民黨都有人認為使用此詞是「背叛台灣人民」。因而，從一開始就有善意人建議，在台灣不要使用「中國」這詞做為紀錄片的名稱，以免淪為政治不正確，遭受汙衊與打擊。但是我們認為，兩岸都是中國的一部分，回顧的是百年中國的歷史，為何不使用正確的名詞？因此，我們堅持使用「百年中國」這四個字。

(二)為何用「迷悟之間」，而不是「是非之間」或「對錯之間」？

「迷悟」一詞原本為佛教的用語，也是道家對人世的看法，它不同於二元世界的正邪、對錯與是非。

在探索百年來曾經走過的歲月，我們不是從具有價值意涵「是非之間」或「對錯之間」來相互指責、昨非今是、我對你錯。這不表示我們沒有價值對錯與是非概念，而是回顧過去，我們願意用理解與包容的態度來看待。

百年來，無論是路線方向或優先順序的選擇，雖然少數分子存有私利，但是絕大多數是以振興民族為最大目標。或因知識有限，見解不足，急於收效，對所處時代的迷，對自己路線的迷，對理想世界的迷，使得中國就在爭議中渡過了大半個百年。雖然事後看來是迷，但是在當下，他們都認為自己是悟，

認為自己走的是大道，別人是歪道，「己悟他迷」的結果是所有中華民族都迷惘了。群眾被啟發、被帶領，有的最後大夢乍醒、有的終身無怨無悔。整個民族就在這種迷悟之間不停輪迴與徘徊。

「迷悟之間」要彰顯的，不是責備、更不是怪罪。往事逝矣！從這一段迷悟的歷史中，我們可否找出過去為何迷，如何迷，為何不能悟？真正的悟又應該是什麼？這是《百年中國：迷悟之間》這部紀錄片能夠傳達的訊息。

主軸：現代化的進程與命運共同體

紀錄片圍繞兩個主軸展開思考：一是探討百餘年來，中華民族追求現代化、尋求民族復興道路上的「迷」和「悟」。一是透過歷史瞭解，百年來所有中華民族，現在的兩岸，在歷史所發生的悲喜苦樂中，其實都是一個命運共同體。合作是悟，鬥爭是迷；能悟是幸，執迷是難。

(一)在現代化的道路上摸索

每一個階段開始，我們都認為自己開悟，找到方向了，但是事後卻發現，其實自己原來還在迷霧當中。圓明園被英法聯軍放一把火燒了，中國人悟到要現代化就必須奮起學習西方的船堅炮利。甲午戰敗，發現只追求船堅炮利是迷，維新變法才應該是現代化之悟。變法不成，君主立憲說成為不能解決中國困境的迷，先摧毀再重建的暴力革命論又被認為是悟。

袁世凱選擇帝制，中國知識分子又發現，一夜成功的革命只是個迷，缺少民主內涵的共和制度並不能夠阻礙軍閥徇私割

據。五四的北京大學青年學子認為，沒有民主與科學，中國的發展走不出迷，1921 年成立的共產黨認為只有馬克思主義才能給中國帶來真正的悟，馬克思路線才是中國正確的現代化道路。

孫中山繼續宣傳三民主義，他相信這才是中國的正確道路。他認為以前沒有成功的迷是因為缺乏自己的武力，因而建立黃埔軍校。國共合作，但仍是各持其悟，堅持自己的現代化道路。北伐成功，難得有黃金十年提供國民黨實踐其現代化理想。東北邊的日本，忍不住了，他們在想，不趕快打斷中國的現代化，中國起來怎麼辦？這是日本繼甲午戰爭第二次打斷中國的現代化進程。

從 1895 年後就離開了中國的台灣，經由殖民國日本開啟了一條不同於大陸的現代化道路。這條現代化的道路有著太多日本利益與功利的考量，雖然台灣享受到某些現代化的成果，但是做為日本前進南洋的「基地」，它的現代化必須以皇民化為代價、付出尊嚴、切斷與中華文化的臍帶。這是另一種形式的迷。

1949 年起，兩岸各自走上不同的現代化路徑。大陸開始實踐其共產社會主義道路，台灣則在美國的羽翼下，以三民主義為綱領。它們基於不同的理由，在政治上有極權與威權的差別；在經濟上，有吃大鍋飯的社會主義與中小企業為主的資本主義差異。

昔日之迷並非一文不值，沒有大迷豈有大悟？1949 年國民黨政府到台灣後的建設，不就是對先前在大陸所作所為的大悟反省？蔣介石雖然期待「光復大陸」，但他更知，先決條件

就是「建設台灣為中國的模範省」。繼任的蔣經國也瞭解,在退出聯合國後,只有「革新」才能「保台」,台灣因而在現代化的道路上大幅前進。

1979 年起大陸的改革開放能夠順利推動,也是人們對於文化大革命災難的大徹大悟。鄧小平暫時放下了形式上的主義與路線,選擇「摸著石頭過河」,以「不管黑貓、白貓,能抓老鼠的就是好貓」的務實理念,開啟了大陸的快速經濟發展。

從此以後,兩岸在現代化的道路上有了交集,也彼此累積了相當多的經驗,在未來的現代化道路上,兩岸應該相互學習,截長補短,共同為整個中國的振興一起努力,是我們在紀錄片所做的呼籲。

現代化理想的內涵與目標到底應該是什麼?這個問題已經超越了我們紀錄片可以討論的內容。百年的歷史告訴我們,我們的迷在哪裡?哪些做得還不夠?做為一部紀錄片,我們將最後一個畫面停留在孫中山最鍾愛的四個字,也是中華民族傳統的政治理想:「天下為公」。

「天下為公」對某些人來說或許是個烏托邦,但是這應該是現代化,或者說民族復興的最重要內涵與目標。「天下為公」意指我們所有努力的成果均應由每個人所有,不僅要國富,更要均富;不僅要民強,更要共享福祉。同樣的,「中國」也是大家的,不僅是官員、政黨的,也是人民的,它更是兩岸所共有的,大家都是命運共同體的一員。

(二)我們都是命運共同體

或許有人會從歷史的災難中發些國難財,但是絕大多數人民與國家民族的命運是環環相連的。一榮俱榮、一枯俱枯。

鴉片戰爭開啟了中國千年未有的變局。挫敗中的清廷仍處迷霧，後來居上的日本，在甲午海戰中，一舉摧毀中國器物現代化的嘗試。清廷對現代化迷惘的代價就是必須割讓台灣。何其不幸，我們百年現代化道路的歷史一開始是以「割地賠款」、「現代化失敗就是民族屈辱」為開場。

屈辱中的國人，並沒有自棄，他們或而選擇上書，或而選擇流血，希望能夠改變中國的命運，也是改變自己的命運。即使是已經被迫改變「主國」的台灣，也不忘對「祖國」的關懷。在維新變法的「公車上書」中，有五名是來自台灣的舉人，追隨孫中山的革命志士中，也有台灣人的身影。

辛亥革命成功，亞洲第一個民主共和國成立。可惜，人民只知共和，不知民主。由於人民已經瞭解共和，因此袁世凱只能稱帝八十三天。但是由於人民對民主素養不足，更沒有整個中華民族為一命運共同體的概念，只有效忠個人與我群的利益。民國成立以後，軍閥割據，逼得孫中山再次北伐，繼續革命。

20 世紀初期的中國是分裂的，雖然已經認識到，為了團結必須改「驅逐韃虜」為「五族共和」，但是主義、路線、權力、利益讓中華民族繼續撕裂。軍閥鬥、國共鬥，暴動、清黨，國人沒有一天停過，這樣的撕裂的中國，又如何能夠靜下心來走向現代化？

中國大陸雖然在亂，但是已經被遺棄的台灣並沒有忘掉血緣與文化的臍帶。原住民冒著滅族的危險，堅持抗日，知識分子在武裝抗爭失敗以後，轉為軟性抵制。包括連雅堂在內的文人，透過撰史、詩文、教育、整理語言，讓他們的子子孫孫不

要忘了自己是炎黃子孫。他知道自己在殖民統治下的命運是與
「祖國」分不開的。

　　1937 年 7 月 7 日，盧溝橋的星星之火，終於引爆了中華
民族有史以來最悲壯也最波瀾壯闊的一次抵抗外侮戰爭。當時
體質仍孱弱的中國，只能拚盡一切所有，浴血奮戰。盧溝橋把
中華民族澈底地連結在一起了，國共兩黨在民族救亡上找到了
交集。至於當時原本是炎黃子孫的台灣民眾，也被迫捲入了大
和民族與中華民族的生死決戰，有的選擇回到中國這個「祖
國」，有的被迫動員為日本這個「主國」而戰。

　　很遺憾的，在民族攜手團結之時，國共兩黨仍有不同的立
場與盤算。抗戰一結束，他們再次鬩牆，爭的到底是主義、路
線，還是權力？人民已經分不清了。從抗戰到內戰結束，整個
中國那時既有團結，又有私心，既有醒悟，又有迷惘。

　　大合之後就是大分。團結抗戰勝利的喜悅沒有多久，不出
五年，國共雙方就隔著台灣海峽兵戎相向。兩岸內戰自此夾雜
了明確的國際因素與利益。在意識形態、主義、路線的號召下，
原本有著共同命運的中華民族，自此分隔兩邊，在叫罵聲中，
各走各的道路。

　　1949 年以後的兩岸，雙方各視對方為匪，一是共匪，一
是蔣匪。在那個匪來匪去的年代，只有飛彈飛來飛去，人民之
間的往來阻絕。親情成為禁忌、通商視為通敵。不過，當時政
治的對峙沒有影響到對於自己是中國人的認同，一邊是反共不
反中，一邊是反蔣不反台。吵歸吵，鬧歸鬧，大家還是炎黃子
孫的一分子。

　　血緣畢竟不是河水，它不會枯竭，它有記憶，更有生命。
一群老兵在台北的總統府前高舉布條「我想回家」，撼動了冰

冷的政治。兄弟再相殘，也應有終時。蔣經國在垂暮之年，想到民族的臍帶不應斷裂，決定開放探親。洪流有了出路，自此一發不可收拾，開創了今日的兩岸交流。台灣的小企業家們隨之走進了大陸，為大陸在現代化的經濟發展注入活水。

近五十年的反共教育不是一夜可以改變，近半個世紀的反國民黨宣傳也不是一日可以消弭，站在一旁的美國也絕不會自捨利益袖手旁觀。北京仍然不願放下手上的武器，讓台灣因為恐懼而不敢獨立。台北也擔心如果接受一國兩制，不就是等於失去了自己，認為只有繼續靠著美國老大哥，才能對抗北京這位兄弟。

原本應該是命運共同體的兩岸，就這樣在不信任的迷霧中互動。由於台灣與大陸政治分隔已經有一百多年，中間只有短短的四年，同屬一個中央政府。這給了一些分離主義者極大的操弄空間，忽而主張獨立，或而表示「特殊國與國」，或而倡導「一邊一國」。在他們去中國化教育下，對於中國與中國人的認同也快速折裂。特別是大陸近年的快速崛起，更使台灣某些人有了恐懼的理由，擔心被大陸逐漸消化侵蝕，因而反對ECFA。這些看似可以理解但是並不明智的作為，其實深深地減弱了台灣可以在大陸現代化中扮演積極角色的功能。

兩岸不僅是在文化血緣有著相近與相通，在地緣位置上也是一體。隨著經貿全球化、環境全球化、通信交通的便捷，在生活上兩岸幾乎已經密不可分。台灣與長江、珠江三角洲的密切交往，比諸大陸的東北與西南、沿海與內陸的關係，似乎更為密切。除了政治以外，兩岸幾乎已經生活在一個相互依賴的世界。

　　紀錄片希望呈現所有中華民族與兩岸，其實都是一個命運共同體。我們可以選擇繼續對立不信任，一方不放棄武力，一方嘗試走台獨或偏安道路，結果就是重回百年中國紛爭不斷的老路。如果我們選擇彼此尊重，相互扶持，甚而共同治理，那麼由兩岸構成的下一個百年，必然是陽光勝於冰霜、晴空多於風雨。

　　如何鞏固兩岸現有的經貿整合，如何建構兩岸政治上的命運共同體，我們與汪道涵先生「共同締造論」的看法是一致的，兩岸不應是誰吃掉誰，而應是共同締造，在具體落實方面，我們提出了「一中三憲、兩岸統合」做為政治定位與未來走向的共同締造結構。

結構：從「千年巨變」到「百年之悟」

　　《百年中國：迷悟之間》總共分為六集，每一集約五十分鐘。把百年歷史壓縮在三百分鐘裡並不容易，紀錄片梳理出六大段落。六集分別為：千年巨變、萁豆相煎、烽火滄桑、探徑尋路、兄弟登山、百年之悟。

　　片頭由一對小男孩與小女孩齊力推開了百年中國的歷史捲軸，代表新生一代向歷史的探索，也象徵年輕一代準備接續歷史的未來。

　　第一集「千年巨變」。我們以在台北的國父紀念館為開場的場景，這是在辛亥百年時刻對孫中山先生的致敬。畫面然後轉到北京的紫禁城，開始一段不會令人舒服的百年中國歷史，以歷史的脈絡，探索中國在面對西方帝國主義文化、價值與船

堅炮利衝擊時，所面臨各種啟蒙救亡圖存的嘗試。「千年巨變」指的是中國面臨到西方所帶來千年未有的巨變，以及從專制走向共和的千年巨變。

第二集「萁豆相煎」。我們用台灣知名歌仔戲楊麗花的「洛神賦」開場。「煮豆燃豆萁，豆在釜中泣。本是同根生，相煎何太急」不僅是所有中國人所熟悉的家庭悲痛，更活生生的在歷史中不斷重演。軍閥相殘、國共相煎，是從民國初年到對日抗戰期間大陸這塊土地上演的戲碼。在大陸「萁豆相煎」的同時，台灣卻是經歷企圖跳離日本這個釜鑊的萁豆；在北京大學高唱拋棄傳統學習西方的民主科學時，台灣的同胞卻在日本皇民化教育下堅守著漢文與傳統文化。主義、路線是這個時代的時髦詞彙，但是內鬥、流血卻是這段歷史的真實面貌。

第三集「烽火滄桑」。我們從大陸觀光客在阿里山欣賞日出開始。阿里山有著大陸人民對台灣的想像，這裡的神木是日本神社喜歡的棟樑。阿里山有著大陸、台灣與日本人民三方的共同歷史記憶，只是彼此的記憶角度不同。「烽火滄桑」這一集，從對日抗戰到國共內戰結束，1949 年國民政府到台灣為止。這段歷史可以看到民國成立以後，中華民族第一次全民大團結；也看到兄弟間最後如何反目成仇。這是一段極具戲劇張力的歷史，故事從盧溝橋的抗日號角開始，但是結果卻是百萬人民橫跨台灣海峽，展開中國歷史上的最大遷移。中華民族以大團結渡過亡國危機，但是又因路線與私利繼續撕裂。

第四集「探徑尋路」。蘇秦和張儀，孫臏和龐涓，這兩對都是同班同學，他們也都是鬼谷子的信徒。前兩名學生分別用不同的理論相互對抗搞得天下大亂，後兩名則反目成仇，分別

效忠不同主子而展開生死之鬥。這就是 1949 年以後兩岸在現代化道路上選擇的寫照：「你走你的陽關道，我過我的獨木橋」。我們請大陸西安的皮影劇團為本集開場。大陸與台灣，一個往左、一個往右。大陸開始其共產主義路線的實驗，台灣則走上以三民主義為號召的資本主義道路。兩岸在不同的現代化道路上「探徑尋路」。大陸經歷了三面紅旗、文化大革命，台灣則是成功地完成土地改革，經濟起飛。雙方雖然在台海兩岸各自探徑尋路，但是在紐約的聯合國，以及全球的外交戰場，卻仍是近身搏鬥。當蔣介石與毛澤東這兩位強人分別過世時，追求現代化道路的陽關獨木也漸漸走向尾聲。

第五集「兄弟登山」。世界第一高峰聖母峰（珠穆朗瑪峰），是雄心壯志的登山好手都想登臨的顛峰，就像是每一個國家都希望登上現代化的最高峰。當一個人的身體狀態不好時，他怎敢挑戰登山，當中國處於戰亂和貧窮時，它既無心、也無力去攀登。1979 年以後的情形有了改變，大陸改變了它的策略，鄧小平這個登山隊長，以改革開放這面大旗帶著大陸人民拚命往山頂上衝。台灣這邊的隊長是蔣經國，他從 1970 年代起就已經扮演著實際的領導角色，推動十大建設、加速地方自治，最後，國會增額選舉、開放探親、解除戒嚴，一舉把台灣推向了亞洲四小龍的頂峰。

這兩位都經歷過苦難的難兄難弟，一個從東、一個從西，帶著隊伍向山頭邁進。他們已經從生死鬥爭的仇敵轉換為競爭的對手，一個提出了一國兩制，另一個堅持要三民主義統一中國。當然，他們並沒有分出高下，但是他們都把團隊往前推進，兩岸的人民都享受到了發展的成果，這也是百年中國以來，中國找到了登往山峰的路徑，他們不願再走冤枉路了。他們不再

是陽關獨木,而更多是在不經意中已經殊途同歸。事後來看,這不正是孫中山先生在其三民主義、建國方略、實業計畫裡面已經提示過的道路嗎?

第六集「百年之悟」。中國人愛梅,為梅的堅毅讚歎。近百年的中國正是如此,歷經了腐敗的帝制、列強的欺凌和內戰的烽火及昏昧不清的騷動,但是這樣的寒冬並沒有讓我們凋落。不過,歷史如果不能增長我們智慧,迷惘不能讓我們有所醒悟,我們也沒有資格再觀賞一直挺立的寒梅。第六集是最後的一集,不僅有回顧,更有期許。

這一集分為兩個部分,第一部分是歷史的回顧,分別談台灣從蔣經國以後,李登輝、陳水扁的發展路徑,以及大陸從鄧小平以後,江澤民、胡錦濤如何延續鄧小平的改革開放道路。很可惜的,民主化固然給台灣帶來了政治自由,但是也付出了黑金政治、族群分裂的代價。台灣內部藍綠的對抗,似乎較之以往的國共鬥爭不遑多讓,其結果是台灣經濟停滯,掉到亞洲四小龍之末。反觀大陸,繼續其百米的接力,雖然在民主方面的表現仍有距離,經濟快速發展也帶來了些社會問題,但是畢竟已在快速崛起。

第二部分為總結,包括三個段落:首先,探討認同對於兩岸和平發展的重要。其次,探討如何建構兩岸為一個真實的命運共同體,我們認為未來的中國應由兩岸平等共同締造,「一中三憲、兩岸統合」是一個可以討論的選擇。第三,對百年中國現代化道路的反省。最後,我們請兩位德高望重的宗教領袖,一位是天主教的單國璽樞機主教與佛教界的星雲大師,為我們百年中國做總結與祈福。最後的畫面再回到台北的國父紀

念館,做為我們對孫中山先生的最後敬禮。

訪談:集兩岸菁英共成大事

　　歷史不是一個人說了算,歷史的詮釋更不可能只靠一人。為了讓紀錄片呈現出正確的史觀,我們訪問了兩岸的歷史專家,以及在歷史現場的重要人物。由於我們在大陸停留的時間有限,在台灣拍攝的時間也不足,很多優秀的知名學者無法配合拍攝時間而被迫遺珠,迄今仍感遺憾。

　　我們另一個遺憾與抱歉在於,每一個訪談幾乎都是兩個小時左右,但是由於紀錄片的時間有限,每位專家的訪談幾乎都只能使用幾分鐘而已。

　　為了表示尊重,所有的訪談都是由我親自為之,從交談中感受到了他們的熱情與專業。兩岸共同參與訪談的學者、專家名單,大陸方面包括:

　　張海鵬(社會科學院台灣史研究中心副理事長)／王曉秋(北大歷史學系、中外關係史研究所所長)／王鍵(中國社科院台灣史研究中心秘書長)／時殷弘(人民大學國際關係學院教授)／楊天石(社會科學院榮譽學部委員)／歐陽哲生(北京大學歷史系教授)／張同新(人民大學歷史系教授)／步平(中國社科院近代史所副所長)／何理(中國抗日戰爭史學會會長)／唐曉輝(抗戰紀念館副館長)／董志凱(中國社科院經濟研究所研究員)／陳東林(中國社科院當代中國研究所第二研究室主任)／王振民(北京清華大學法學院院長)／辛旗(中華文化發展促進會副會長)／章念馳(上海東亞研究所所

長）／薛瀾（北京清華大學公共管理學院院長）／胡鞍鋼（北京清華大學國情研究中心主任）／余克禮（中國社會科學院台灣研究所所長）／張冠華(中國社會科學院台灣研究所副所長)／唐樹備（前海峽兩岸關係協會常務副會長）。

台灣方面的學者專家包括：

星雲大師／單國璽樞機主教／連戰（國民黨榮譽主席）／胡佛（台大政治系榮譽教授）／程建人（前外交部長）／錢復（前外交部長）／許信良（前民進黨主席）／邱進益（前海基會副董事長兼秘書長）／陸以正(前駐南非大使)／曹興誠（聯電榮譽董事長)／陳鵬仁（前國民黨中央黨史委員會主任委員）／邵銘煌（國民黨黨史館館長）／朱雲漢（台灣大學政治系教授，蔣經國國際學術基金會執行長）／郁慕明（新黨黨主席）／查時傑（中原大學榮譽教授）／劉維開（政大歷史系教授）／黃俊傑（台灣大學人文社會高等研究院院長）／謝大寧（兩岸統合學會秘書長、佛光大學文學系主任）／邵宗海（政治大學中山人文社會科學研究所所長）／王立本（台灣大學歷史系博士）／李君山（中興大學歷史系教授）／高金素梅（立法委員）／黃光國（台灣大學心理系教授）／王曉波（文化大學哲學系教授）／楊開煌(中國大陸研究學會理事長)／邵玉銘(行政院北美事務協調會主委）／林祖嘉（政治大學經濟系教授）／林建甫(台灣大學人文社會高等研究院副院長)／戎啟平(台商）。

香港方面則是訪問了香港中國評論通訊社的郭偉峰社長。

足跡：重回歷史場景

　　做為一部紀錄片的拍攝，呈現稀有的歷史畫面非常重要，但是重回現場，在不同時間找回同一空間曾經發生過的種種情事，更讓人百味雜陳。我與攝影團隊乘車，行遍了整個台灣與大陸幾個重要的歷史場景。為了節省經費，我們用最簡樸的方式食宿，但是用最嚴謹的態度、高畫質的影像記錄這些歷史空間。以下就是我們曾經出外景的地點。

　　大陸方面的實景地點包括：北京的台灣會館、香山碧雲寺、圓明園、頤和園、天安門廣場、北京大學、菜市口、北京故宮、北大紅樓。上海的外灘、魯迅紀念館、新天地、陸家嘴、金茂大廈、中共一大會址、東方明珠廣播電視塔。杭州的超山梅園。橫店的拍攝片場。南京的中山陵、大總統府。江西的井岡山。廈門的鼓浪嶼。深圳的改革開放紀念館、蓮花山。西安的華清池、兵諫亭。延安的延安革命紀念館、寶塔山。廣州的黃花崗七十二烈士墓、黃埔軍校、廣州大元帥府、沙面十三洋行。香港的實景則包括維多利亞港與中環。

　　台灣方面的拍攝實景為：台北的孔廟、總統府、國父史蹟紀念館、中山堂、國父紀念館、鹽寮抗日紀念碑、九份、金瓜石、海門天險砲台、獅球嶺隧道、台灣大學、台北101、二二八紀念公園、中正紀念堂、台北故宮、台北植物園、內湖科學園區。桃園的桃園忠烈祠、慈湖蔣經國墓園、兩蔣文化園區。新竹的清泉（張學良幽居地）。嘉義的阿里山。南投的日月潭。台南的赤崁樓、延平郡王祠、億載金城、連雅堂公園、台南孔

廟。高雄的陸軍軍官學校。屏東的鵝鑾鼻燈塔、恆春古城牆、西鄉從道紀念碑、石門古戰場。台東的鹿野、池上。花蓮的太魯閣。金門的蔣經國紀念館、八二三砲戰紀念館、古寧頭戰役紀念館、太武山以及金門往來廈門的渡輪。

後續：史觀的傳播與深入社會

　　紀錄片的完成並不是結束，而是另一個工作的開始。為了使兩岸人民都能夠正確地回顧這段百年中國，兩岸統合學會準備進行以下一連串的活動，以使得兩岸人民均能以共同體史觀去認識過去與展望未來。

　　首先，希望能夠尋求在台灣、大陸、香港、海外的電視台播映。其次，將把六集紀錄片與訪問紀錄全文放在網站上，供免費下載。第三，已安排於今（2011）年 10 月 15-16 日在「中國政治學會」與 11 月 12-13 日「台灣政治學會」的年會中，舉辦「百年之悟與兩岸關係」研討會，以使台灣學術菁英能夠對兩岸共同體史觀進行深入討論。第四，將在北部的台灣大學、政治大學、淡江大學、文化大學、台灣科技大學、佛光大學、新竹的交通大學、中部的中興大學、南部的中正大學、成功大學、義守大學、東部的東華大學等等各大學舉辦相關演講或座談會，讓大學生可以從紀錄片中重新認識百年中國歷史，從而有正確與健康的史觀，以有助於對兩岸關係的認識。第五，紀錄片將提供給國中、國小的社會、歷史課老師索取，以做為其日後上課時的輔助教材。

　　歷史絕對有不同的角度，人們不可能在每一個歷史的細節都有著相同的見解，能夠對整個歷史的脈絡與因果有相近的認識已屬不易。兩岸的政府都有自己的史觀與詮釋，做為一群學者，一個民間組織，我們希望透過《百年中國：迷悟之間》紀錄片，能夠讓兩岸與海外的華人，都能以包容的態度來面對我們的過去。我們相信，相互包容、理解彼此，兩岸的問題已經解決了大半。這是我們在處理紀錄片後續傳播時的基本理念。

期盼：百年之渡、渡過迷悟

　　從構想、策劃到進行大約是一年半的時間。為了這部紀錄片，兩岸統合學會的重要幹部們幾乎是全部的投入。我本人也特別休假一年來專心做這件事。在整個過程中，我們得到不少人的鼓勵、幫忙與肯定。我們感受到，只要是關心兩岸未來、珍惜兩岸和平發展的人，都能瞭解我們的心意所在。我們沒有辦法向所有參與者、支持者、鼓勵者，一一再當面致謝。謹藉此文表達我們衷心的謝意。

　　我常與團隊說，最擔心的不是努力不夠，擔心的是我們的知識不足、見解不足、能力不足，不足於完善地處理這麼大的史觀問題。簡單的說，就是擔心做不好。因此，如果有不適的地方，也請大家在不吝指教之餘，也能多些體諒。非常感謝。

　　最後，用紀錄片的片尾曲做本文結語。片尾曲的曲名為「渡」，是中華民族近百年來「渡過迷悟」的「百年之渡」。朋友們！百年之渡雖然沉重，風雨後的道路仍有泥濘，我們還有一大段路要走，讓我們一起攜手相互扶持，共同大步向前吧！

當揚帆啟航

大海不是陪我安渡的旅伴

帆折浪捲

這是命運之神的考驗！

***

當衝波洄瀾

奇岩不是供我遊賞的彼岸

密雨驚濤

這是天地風雷的淬煉！

***

如果夢想沒有安逸的道路

超越險灘

我願承受冒險的孤獨

如果星月收斂引路的光芒

凝神靜觀

我會找到黎明的朝陽！

***

迷霧是必然的場景

暗夜是必經的時刻

當晨曦初臨

我將倚舷高唱悠揚的船歌！

史觀、論述與兩岸和平協議

前言：馬連任有無和平協定？

選舉的社會化效益：國家定位的反覆形塑

偏安：目前國民黨的國家定位趨勢

偏安的政治面貌：史觀、主權、前途的表述

  (一)歷史教科書：1949年後的中華民國不屬中國史而屬台
      灣史

  (二)2300萬人自決前途：包括獨立？

  (三)主權獨立：獨立於誰？

  (四)「中國」一詞的意義已經從「代表」變成「背叛」

台獨：民進黨的基本立場

顯性獨台：民進黨下階段可能的調整

偏安與台獨的較勁與合流：2012年大選的獨特現象

結構的限制：即使獲勝能否跨越？

結語：質疑中仍有期待、憂慮中仍要準備

前言：馬連任有無和平協定？

很多人會問，馬英九連任後是否會簽署兩岸和平協定？認為會的，理由多在於馬在第二任已經沒有連任包袱，應該會尋求歷史定位，透過簽署和平協定的方式，為兩岸建立合理的定位，以有利兩岸長久和平與發展。

由於陳水扁的重要幕僚在選舉中一一歸隊，以及蔡英文一直沒有脫離「一邊一國」的論述，支持兩岸和平發展的菁英，擔心民進黨再度執政會為兩岸發展添加不確定因素，因而把希望寄託在馬英九身上。一方面是期望 2008 年以來的成果不會毀於一旦；另一方面期許馬英九可以繼續推進兩岸關係。在這樣的思維下，包括北京在內的菁英們，寄望馬英九能夠贏得2012 年大選。

我們完全瞭解這些菁英對台灣選舉的憂慮，但是馬如果連任是否即表示兩岸關係可以再進一步簽署和平協定？我們有此期望，但是做為一位關心兩岸關係的學者，還是要提出對未來的憂慮。

選舉的社會化效益：國家定位的反覆形塑

對大多數國家來說，總統或國會大選，只是換一個主政的政黨或政府而已，但是在處於兩岸分治的台灣，不論喜歡與否，在民主化的過程中，一開始就難以脫離認同、統獨這些心理與意識形態的因素。不論是總統大選、地方選舉，這些非物

質因素從來就沒有缺席過。

民主選舉本來是可以用民主方式化解社會歧異，也就是用少數服從多數，多數尊重少數的方式凝聚大家共識。由於實踐民主的工具之一就是選舉，要贏得選舉就必須與對手做區隔。族群、認同，往往是用來區隔彼此的最廉價武器。

在台灣，總統大選宿命地成為國家認同的再形塑，也是國家定位的一個反覆抉擇。一次選舉自然不能形塑完成，每一次選舉都涉及動員，規模愈大，動員愈強，促成每一次社會化的解構或強化，而其結果也就左右了人民的認同選擇。

民主政治從好的方面來說是尊重民意，但是政客的操弄主導往往可以引導民意。繼 1993 年起尋求進入聯合國、1995 年李登輝走訪康乃爾，1996、2000、2004、2008 的大選，族群、統獨、國家定位等認同都是重要的議題。

經由選舉的政治動員，整體來看，台灣對大陸的分離意識趨勢並沒有因為選舉結果是國民黨或民進黨而有所改變，也沒有因為兩岸交流頻繁而有所逆轉。與 1990 年代初期相較，有關統獨、中國人還是台灣人等認同已經有明顯的消長，選舉本身雖然不是原因，但卻是加速社會化形塑認同結果的工具。

2012 年大選即至，毫無疑問的，兩岸關係是個不會缺席的議題，特別是兩岸定位，自我定位，也會隨著選舉的政治動員而影響民眾認同。經由選舉所形成的新認同，也會約束選後政府在處理兩岸關係時的立場。因此，要判斷 2012 年以後是否會有兩岸和平協定，必須從選前各政黨的政治立場談起。

偏安：目前國民黨的國家定位趨勢

在以往的大選中，隱隱約約有兩個認同力量在較勁，一個是傾向台獨認同，一個是以維持現狀為基礎，但是不放棄統一的認同。但是在馬英九 2008 年執政以後，第一種認同的趨勢沒有絲毫消退，反而是第二種「維持現狀」的認同在認知上有傾向分離的趨勢。

這個改變並不是在具體的法理層面，而是在政策論述與行為上有了慢慢滑動的跡象。本人曾經對今（2011）年馬英九在建國百年的新年文告定位為「政治偏安、文化中華」（請參考中評網）。元旦文告絕對不是一個單一事件，「政治偏安」其實正是 2008 年馬執政以後明顯的一個改變。

如何為「政治偏安」下一個簡單的定義？首先，在憲法立場上，還堅持「一個中國」，也認為自己是中華文化的傳承者，但是在實際政治上，不會也不想再挑戰北京的主權或治權地位。在心態上，把兩岸關係視為一個「異己關係」，即我是我，他是他。「偏安」也可以用「獨台」（中華民國是台灣，已經獨立）來形容。

「獨台」有兩種，一種是在政治上已經採取了偏安的政策，但是在憲法上仍是不碰觸主權的核心問題。由於在政治上與憲法上的態度曖昧不清，可以稱之為「隱性獨台」（隱性偏安）。另一種是認為自己還是中華民族的一分子，但是擺明了兩岸是個不同的國家，但是不改變中華民國這個國號。李登輝所主張的「特殊國與國」關係下的中華民國就屬於這一類表

述,我們可以稱之為「顯性獨台」(擺明了偏安)。這種「顯性獨台」,其實也可以說是「兩個中國」論。

偏安的政治面貌：史觀、主權、前途的表述

為何會認定馬英九政府有「隱性獨台」(偏安)的傾向,有下列幾個觀察:

(一)歷史教科書：1949 年後的中華民國不屬中國史而屬台灣史

馬執政以後,高中歷史教科書的部分,雖然在一些觀點上做了修正,但是並沒有做結構性的調整。教科書的脈絡結構仍然是民進黨杜正勝的「同心圓史觀」,即先講台灣史、再講中國史。在這個史觀裡,1949 年以前的中華民國是放在中國史,1949 年以後是放在台灣史。這表示 1949 年以後的中華民國已經不屬於中國史,而是台灣史。

或許有人會說,台灣史不就是中國史嗎?如果放在一般國家的歷史來看,先教地方史再教國史或許並沒有錯,但是對於一個處於分治以及認同在逐漸拉遠的兩岸而言,這樣的史觀陳述方式就值得爭議了。

對於原先的設計者而言,「同心圓史觀」的政治意涵就是「被殖民史觀」,依照台灣史教材的順序,在原住民以後,荷蘭、明鄭、清、日本,乃至國民黨都是一個外來政權,在他們看來,只有台灣全面民主化了以後,台灣才有了真正的本土政

權。

不談對於教科書內容的爭議，從結構來看，國民黨迄今已經接受民進黨的結構脈絡，不同之處只在於國民黨認為，明鄭、清治期間與 1949 年遷移到台灣的中華民國政府都不是外來政權。雖然在中國史部分，同意接續大清的是孫中山所創建的中華民國，所以放在中國史，但是 1949 年以後接續這個傳承的卻是「當代中國」篇所指稱的中華人民共和國。這一部分教科書介紹的是毛澤東黨國體制的建立和發展、鄧小平格局下的政治經濟發展、中共外交政策和海峽兩岸關係的演變。

馬英九在 2008 年上台以後，沒有劍及履及地處理民進黨時代留下的課綱問題。拖了一年多以後，承馬英九之命參與歷史教科書新課綱的王曉波先生，在其所編的《海峽評論》月刊中以社論〈撥亂反正乎？為德不卒乎？〉反映出他參與歷史教科書大綱修訂的心路歷程。他很努力地在一些史料部分做了補強，但是沒有辦法改變民進黨所設定的「同心圓史觀」結構，他自認已經嘗試「撥亂」，但無法「反正」，因而自我反省「為德不卒」。

在這篇由王曉波自己撰寫的社論中最後寫到：「李扁亂政二十年，世人企盼馬政府能撥亂反正，但以『新課綱草案』而言，『撥亂』或有之，但『反正』則不全然，或許『反正』也是不能『一步到位』的，而空留為德不卒之憾。所以，馬政府還必須繼續努力才行。」（《海峽評論》，239 期，2010 年 11 月）課綱沒有辦法更改，只有兩種可能，一是曉波的個人認識與能力不足以撼動現有的課綱，二是領導人的歷史認識、意志與使命感仍有不足。

馬英九執政下的「新課綱草案」，是一個典型的「偏安式」

歷史課綱。雖然它與民進黨的課綱有一些歷史事件價值的認定不同，也有著一個是如蔡英文在「和而不同」中所說，「台灣與中國的不同」其中之一在於「歷史記憶」不同。蔡英文這裡所說的「歷史記憶不同」，是從台灣四百年史來看；馬英九的「歷史記憶不同」是從 1949 年以後開始。這就是蔡英文與馬英九的異同，他們都認為兩岸的歷史記憶已經不同，所差的只是時間的長短而已。他們兩人另一個相同的地方在於都不選擇教育人民增加中國史的認同，而是凸顯台灣史的絕對。馬與蔡只有是否「撥亂」之異，但有前者不願，後者不會「反正」之同。

(二)2300 萬人自決前途：包括獨立？

馬英九在 2011 年元旦文告中，雖然仍然還沒有改變「台灣未來由 2300 萬人決定」的主張，但是已經加了一個清楚的前提，即「在中華民國憲法的架構下」。再來，馬英九在新春茶會中指出，今後政府機關用語，一律稱「對岸」或「大陸」，不稱「中國」。

在肯定馬用「大陸」取代「中國」表述之餘，也很遺憾的，在憲法與民主這兩個核心問題上，馬英九政府還是遊走在模糊的空間。馬英九願意清楚宣示，在「中華民國憲法的架構下」處理兩岸關係，是完全正確，但是他卻仍然主張「不統、不獨」、「台灣前途由 2300 萬人決定」的立場，這是有問題的。

《聯合報》在 2011 年 1 月 12 日的社論中為馬英九背書時也犯了同樣的錯誤，社論稱：「若能將『台灣前途應由 2300 萬人共同決定』，置於此一前提（中華民國憲法）之下，而稱

『兩岸關係的未來由中華民國憲法的程序決定』，即可一方面鞏固了『中華民國』的立場，兼也維持了『民主自決』的精神。可與民進黨區隔，並超越民進黨，也不會再有『違憲』的爭議。」這樣的企圖「憲法」與「自決」兼得的詮釋正確嗎？

我們應該如何看待「台灣的前途應由 2300 萬人共同決定」這句話？如果指的是治權，大陸目前並不否認兩岸治權分立，所以才會有事務性協商，這些協商事實上就是互相不否定彼此在其管轄範圍內的治權的明證。

如果指的是主權，這句話就有問題了。從憲法上說，中華民國的主權是涵蓋全中國的，台灣是否可以自行做主出售或讓與釣魚台給日本？大陸的人民是否有「權」反對這件事？反之，大陸決定出售或讓與釣魚台，可否說這是大陸民意同意，台灣無「權」可以管？這些有關領土的改變已經不是治權範圍，而是主權了。

馬英九政府與《聯合報》都忽略了，在國際政治與國際法上所謂的「前途」、「未來」與「自決」之說，自然指的是主權的決定，而非憲法內治權的範疇。又要憲法，又要自決，其實是一種兩面討好的說法。「台灣前途應由 2300 萬人共同決定」在主權意涵上是一種可以包括「不統、不獨、可統、可獨」等各種選項在內的「主權」主張。用《中華民國憲法》來框住自決，其實只是自我安慰的說詞，「憲法」與「自決」何者應為基礎，不同政治立場上會有不同看法。

馬英九最近更精確地表達其「不統、不獨」的意涵。他說，「不統」是指在其任內不進行統一談判，「不獨」是指中華民國已經是個主權獨立的國家，沒有獨立的問題。國家大事重要用語，可以這樣解釋的嗎？詞語的縮寫必須有其規則，「不談

統」與「不統」是兩個完全不一樣的概念。稍微有些政治常識的人應該可以理解，馬英九所以會說「不統」而不稱「不談統」是為討好泛綠選民；用「已經獨立」來詮釋「不獨」，其精神雷同於〈台灣前途決議文〉，這樣的表述有意義嗎？為何不說「反對台獨」呢？

　　一般人民不會去細分「不談統」與「不統」的差別，但是「不統」聽久了，特別是從國民黨的馬英九說出來，也會形成一種社會化的教育功能，讓「統」這個字更趨邊緣或妖魔化。其結果是，國民黨爾後愈來愈不敢再提「統」這個字。

　　就憲法來說，目前的《中華民國憲法》為「一中憲法」，除非修憲改變這個憲法，是沒有「可獨」這個選項的。「可獨」本身已經涉及違憲了！另外，「不統」主張的結果，反而助長了民進黨「不統」主張的正當性，反而侵蝕了自己論述的空間。而使得自己陷入父子騎驢的困境。

(三)主權獨立：獨立於誰？

　　有別於民進黨說：「台灣是個主權獨立的國家」，馬政府也經常強調「中華民國是個主權獨立的國家」。一般來說，「主權國家」一詞已經足以代表國際法的意涵，為何要用「主權獨立國家」？民進黨說的「主權獨立」，其對象是明確獨立於中國大陸。國民黨呢？應該不會是說獨立於美國或日本之外吧！國民黨一方面主張主權涵蓋全中國，一方面又主張主權獨立，那麼不知道中國大陸是個什麼東西了？北京的主權不存在？北京是個沒有主權的治權政府？國民黨大概沒有辦法回答這個問題，原因很簡單，他們整個思路是矛盾不清楚的。

我們只要對比一下,兩蔣時代有誰會強調中華民國乃是主權獨立的國家呢?那個時代,台灣總是說「王業不偏安」,中華民國就是中國,所以在面對大陸的時候,根本就不會有主權獨不獨立,而只有主權正統與制度之爭的問題。然而現在為什麼要強調主權獨立呢?

在這樣的語意中,請問國民黨與馬政府如何定位自己,前途為何?民進黨在其〈台灣前途決議文〉中說「台灣是一主權獨立國家,……固然依目前憲法稱為中華民國」,而國民黨就只會模仿而說「中華民國是一個主權獨立的國家」,這樣詭辯式的語意,除了拾人牙慧之外,不是一種偏安的心態是什麼?

(四)「中國」一詞的意義已經從「代表」變成「背叛」

馬英九在 2011 年新春茶會中指出,今後政府機關用語,一律稱「對岸」或「大陸」,不稱「中國」。馬英九這樣的表述方式應該是想清楚地傳達出,「中華人民共和國」不等同於「中國」。正當大家都在為馬政府能夠清楚區隔「中國」與「大陸」的政治意涵而表示肯定時,馬又對「中國」這個名詞產生恐懼了。在馬的心目中,「中國」與「大陸」兩個詞好像又沒有區別。

今(2011)年 6 月初一件沒有經過查證,經由大陸羅援將軍轉引:「不要再分國軍、共軍,都是中國軍隊」一句話,透過《聯合報》用一個版面的刻意報導,國民黨內部對於退役將領們「中國軍」的用法極力斥責。馬英九也公開用極嚴厲的話說「如果真有這樣的發言,對台灣的人民是一種背叛,非常不妥,非常意外,也非常失望」(《聯合報》、《中國時報》報導,2011 年 6 月 9 日)。

本文不去討論羅援發言的真偽，也不去討論「中國軍」是否是一個完全正確的名詞，但是從《聯合報》用如此大的篇幅來報導，馬英九用這麼嚴重「背叛」一詞來指責退役將領使用「中國軍」，或許只能說，選舉愈近，「中國」這個詞愈妖魔化了。至於國民黨的全名還是「中國國民黨」，是否也可以說是「背叛台灣人民」，就暫時不要去為難國民黨了。不過，從馬英九與國民黨上述的激烈反應可以看出，國民黨對於「中國」這頂帽子是不會再往自己頭上戴了。這些談話的立場比「偏安」更為退步。

在論述上，馬政府的主張是「一國兩區」，但是在實際的政策與言詞上，其實馬政府走的卻是李登輝的「特殊國與國」道路。這種表裡不一、主張與論述不同的情形，民進黨自然不會放過。民進黨的壓力愈大，馬政府就愈往「偏安」靠攏，愈往「偏安」靠攏，就愈往「分離主義」移動。

台獨：民進黨的基本立場

毫無疑問的，「台獨」是目前民進黨沒有放棄的政治目標，但是其存在的價值已經不是在追求「台獨」，而是成為區隔國民黨的選戰策略之一。「台獨」可以分為兩種：一種是「顯性台獨」，明確表示要正名（台灣共和國）制憲（制定新憲法），以全民公投為手段。另一種是「隱性台獨」，認為台灣已經是一個主權獨立的國家，目前的國號是中華民國，主權僅在台澎金馬。與「顯性台獨」不同，「隱性台獨」認為只有在改變台

灣目前的獨立現狀時，才需要公投（張亞中，〈建立兩岸共同體史觀(二)〉，《中國評論》，2011 年 1 月號，總第 157 號）。

「顯性台獨」是不可行的。即使是陳水扁在其總統任內，雖然主張「一邊一國」，但是他也公開說，「台獨」做不到。因此，「隱性台獨」成為台獨的主要思維。

民進黨的蔡英文毫無疑問地被視為是最具有台獨傾向者。學者石之瑜稱蔡英文的台獨是「目的、志業、使命，不但是政治問題，更是種族問題，血統問題」。蔡英文公開表示「中華民國」只是個流亡政府，她不接受現行「憲法」，既襄助李登輝「特殊國與國」為兩岸關係的論述，又說服陳水扁收回他甫就職後關於「九二共識」的談話。她以打壓台灣的他者來定位北京。她與其他民進黨員一樣，用大聲控訴馬英九「傾中」的方式，來彰顯其愛台的立場、隱藏其台獨的心理依歸。

相對於蔡英文，蘇貞昌與謝長廷在本質上也是「台獨」，只是兩者表達方式略有不同。

蘇貞昌提出「台灣共識」說。這個完全相同於〈台灣前途決議文〉的版本，指「台灣是個主權獨立國家」，「國號」依「憲法」名稱為「中華民國」。中華民國是民進黨上市的殼，以有別於「台獨建國」的「顯性台獨」。陳水扁在 2002 年時，清楚地將其定義為「台灣中國、一邊一國」。與「顯性台獨」要求主動公投正名制憲不同，要改變這個「已經獨立現狀」，必須經過台灣 2300 萬人公投才能決定。

蘇貞昌也提出「生存是王道、民主是基石」的看法，為了「生存」所以不能宣布台獨，只好接受「中華民國」這個國號，自己認為已經獨立就可以了，至於「民主」，在蘇貞昌的論述中就是「公投」，「公投」可以決定一切，自然可以包括國號

的更改。

顯性獨台：民進黨下階段可能的調整

馬英九認為，論述兩岸關係必須在「中華民國憲法」架構下。民進黨是否會接受「中華民國憲法」這個概念？這就牽涉到民進黨是否會從「隱性台獨」走向「顯性獨台」。

「顯性獨台」與「隱性獨台」最大的不同在於如何看待《中華民國憲法》。「顯性獨台」的第一種表述方式，就是接受《中華民國憲法》，但是認定它為「第二共和」，或者制訂一個「第二共和憲法」（請參考陳明通觀點）。他們主張中華民國已經是一個主權獨立的國家，領土為台澎金馬，沒有必要再宣布獨立，也沒有需要再正名，任何改變現狀必須經由台灣 2300 萬人共同決定。

有別於「第二共和」的表述，謝長廷嘗試用「憲法各表」或「憲法共識」的說法來切割「一中」。謝長廷雖然坦承「憲法」部分條文含有「一中」架構，「憲法一中」是事實，又由於在台灣分別有人主張要修改或要維持，基於如果台灣內部不承認自己的「憲法」，社會就無法進步的認識，謝長廷因而主張，台灣內部應該互相尊重，對憲法內的「一中」部分「各表」，以達到「共識」。

至於謝長廷個人的立場呢？他說得很清楚：承認「憲法有一中」，但不接受「一中」的部分。

憲法在台灣像個麵糰一樣，隨便政治人物玩捏。在李登輝

與陳水扁手中，憲法早已經被修得體無完膚。套句憲法大師胡佛教授的說法，《中華民國憲法》已經是個「飄浮的憲法」，與原有的憲法架構已有很大改變。迄今仍然沒有被修正的僅剩下與中國的聯結部分，即「一中憲法」第四條的主權宣示部分。如果連這根線都斷了，這個憲法也不應該叫做《中華民國憲法》了。

依照目前的憲法，在兩岸關係的意義上，就是堅持「整個中國」（包括台灣與大陸）的主權領土完整。謝長廷卻捨棄這個最核心的規範，用台灣人民可以「各表」的「共識」來排除「一中」的莊嚴性與約束性。

基於國際政治與兩岸現實因素考量，李登輝與陳水扁多次修憲都不敢觸碰「一中」這個原則性的問題，以閃避兩岸必須攤牌的可能。現在謝長廷很聰明地用「各表」或「共識」來切割憲法裡的「一中」，不僅破壞了憲法的完整性，也為民進黨與國民黨做了區隔。我們很難想像憲法還可以分割來遵守的，這不是玩弄憲法是什麼？

簡單來說，謝長廷把「一中各表」的概念轉換為「一憲各表」，來取得台灣內部的共識。但是由於「各表」卻是涉及最核心的部分，因此，如果「一憲各表」成立，表示《中華民國憲法》也已經壽終正寢，也自然沒有「一中各表」了。

「顯性獨台」與「隱性台獨」的差別，在於前者也開始捍衛中華民國，不再尋求建立台灣共和國，但是兩岸為「異己關係」的定位並沒有絲毫改變。

我們再回頭看看蔡英文的觀點。蔡英文提出了「和而不同、和而求同」的看法。她認為，所謂「不同」是指：「台灣和中國彼此不同，在歷史記憶、信仰價值、政治制度和社會認

同都不一樣」；所謂「同」是指：「台灣與中國，有共同的責任和利益，就是追求和平穩定的關係、掌握發展的契機」。

蔡英文這段被外界做「不知所云」的解讀，其實有著非常明確的意涵，再次清晰地表達出她的兩岸關係思想。「不同」部分是指兩岸在「非物質層面」的不同，指的是「歷史記憶、信仰價值、政治制度和社會認同」，「求同」部分指的是「物質發展層面」，包括「利益」與「契機」。

「和而不同」基本上是把兩岸關係定義在「一邊一國」的「異己關係」上。蔡英文所說的「不同」是指「兩岸認同」的不同，是「兩岸定位」的表述，所說的「求同」是指「追求和平穩定發展」的同，是發展方式的看法，不涉及兩岸定位的未來走向。這樣的「和而求同」的表述方式其實是虛話，難道民進黨要「不求和平穩定發展」？

由於蔡英文同時批評國民黨是「和而求統」，因此，等於直接地告訴北京，她的「和而求同」最多只是「和平發展」，不會接受「和而求統」，也不會接受「一個中國」。在兩岸定位上，蔡英文等於明確地表達她的立場：「和而不同」是指「和而立場不同」，自然可以推論為「和而不統」、「和而不一中」；「和而求同」是希望「和而可容獨」或「和而求永遠維持現狀」。

問題來了，這樣的兩岸定位能夠確保兩岸關係和平發展嗎？當民進黨的「不同」是指「不統」、「沒有一中」，「求同」是指可「容獨」或「永遠維持現狀」時，兩岸可能有長久的「和」嗎？因此，我們可以很清楚的說，蔡英文的兩岸關係論述，不僅沒有改變她以往的立場，也完全繼承了民進黨的思路。

　　蔡英文為了勝選考量，在表述的方式上會否接納「第二共和」或「憲法各表」、「憲法共識」的觀點，或者在 2012 年得到大位以後，為了改善兩岸關係，而向「顯性獨台」靠攏？值得觀察。不過，即使靠攏，也是換湯不換藥，分離主義的本質依然不會變。

偏安與台獨的較勁與合流：2012 年大選的獨特現象

　　我們可以將目前國民黨與民進黨有關的論述用史觀以及對憲法、主權及未來前途的差異整理如**表** 4-1（相關表格請參考，張亞中，〈建立兩岸共同體史觀(二)〉，《中國評論》，2011 年 1 月號，總第 157 期，表 2）。

　　我們可以從**表** 4-1 看出，國民黨與民進黨目前的論述都是在「獨台」（偏安）與「台獨」的光譜中徘徊，從這個表格中，看到一個很明顯的趨勢是，在國家定位上，國、民兩黨的差別已經越來越不清晰。民進黨已經放棄激進台獨路線，選擇隱性台獨，但它最多也只能轉向到「獨台」路線；國民黨或許會認為「獨台」「偏安」這帽子太過於沉重，但坦白說，也差不到哪裡去了。目前的情形是，民進黨是一個可以大聲說出中華民國主權限縮在台灣的「顯性獨台」論者，可是國民黨卻有可能是一個「猶抱琵琶半遮面」，明的主張「一中憲法」，模糊地發表「主權限縮」的言詞與行為。

　　相較於 2008 年在兩岸論述上，是一場「激進台獨」與「一中各表」的戰役，2012 年的大選有可能是「隱性獨台」與「顯

表 4-1　國、民兩黨四種論述的論述類型與異同

定性	隱性獨台	顯性獨台	隱性台獨	顯性台獨
史觀	偏安史觀 1949 年後中華民國不屬中國史，屬台灣史	被殖民史觀 1949 年後中華民國不屬中國史，屬台灣史	被殖民史觀 1992 或 1996 年前均為外來政權（流亡政府）	被殖民史觀 正名建國前均為外來政權（流亡政府）
憲法	一中憲法	(一) 一憲各表、憲法共識 (二) 以中華民國第二共和自我定位	不放棄制憲	正名制憲
主權	相互矛盾的主張：中華民國是個主權獨立的國家／主權涵蓋全中國／不承認大陸主權	中華民國主權僅在台澎金馬	台灣已經是個主權獨立的國家，目前的國號為中華民國	追求主權，建立台灣民主共和國
未來	改變現狀需台灣 2300 萬人民公投	改變現狀需台灣 2300 萬人民公投	改變現狀需台灣 2300 萬人民公投	住民自決、公投制憲
相近類似表述	一國兩區、特殊國與國	特殊國與國、一邊一國、兩個中國	一邊一國、一中一台	一邊一國、一中一台

作者自製。

性獨台」或「隱性台獨」的較量，那麼不管誰贏誰輸，也是兩者的合流，其結果就是兩岸國家定位認同的再次拉開。然則這樣一來，兩岸關係有可能將帶入一個極不確定的狀態。如果國民黨獲勝，北京固然可以鬆一口氣，但是要想簽署和平協定可能並不容易了。

結構的限制：即使獲勝能否跨越？

第一，最大的結構限制就是國、民兩黨現有的論述。到目前為止，民進黨的最大底線為接受中華民國，但是認定與中華人民共和國是兩個相互獨立的主權國家關係。不同於 2008 年選舉前，國民黨的兩岸政策主張包括簽署和平協定，建立軍事互信機制，不知道馬英九 2012 年的參選政策白皮書是否也會再包括這兩點。如果沒有，那麼就可以確定 2012 年以後不會有和平協定了。如果有，馬英九目前所強調的「互不承認主權」、「中華民國是個主權獨立的國家」、「台灣前途由 2300 萬人決定」這些「偏安」或「實質獨立」的論述是否能為北京接受？馬英九又有無可能為了和平協定而調整現在的論述？馬政府已經確定了「互不承認主權」、「主權獨立國家」、「前途自決」等論述，如果在大選前沒有改變，經由大選即等於與人民訂立契約，選後而調整可能不容易。那麼問題在於北京是否可以接受這些論述為兩岸和平協定的條件？

第二，未來兩岸和平協定毫無疑問地必須經過立法院的同意。2012 年的大選，國民黨應該不會像上次選舉一樣，在立法院獲得近四分之三的多數，即使能夠再度成為多數政黨，但是其政治力量是否大到足以貫徹馬英九的政治立場，是值得高度質疑的。如果泛藍只是些微多數贏過泛綠，和平協定要通過不容易；如果泛藍少於泛綠，那就更不用提了。

第三，在 2008 年大選，馬英九獲得了七百多萬票，但是他並沒有完成他應允的和平協定與軍事互信機制。2012 年的

大選，即使是馬獲勝，勝負差距不可能再像 2008 年一樣。擁有七百多萬票都不敢放手去做，如果只是些微獲勝，敢嗎？這涉及到對馬的人格特質判斷，我們有存疑但是也有期待。

第四，回到本文一開始，或許有人會說，馬在第二任會尋求其歷史定位。這又牽涉到一個問題，即馬英九自己認定的歷史地位是什麼？是兩岸和平協定還是維護中華民國的主權獨立、前途自決等已表明的立場？常理來說，要處理和平協定，必然要在主權問題上有所妥協與共識，在治權問題上也必須尋求相互接受的方式，而不再是「各自表述」。如果兩岸都同意「九二共識」，那麼也沒有必要再簽署和平協定，讓未來的兩岸關係繼續在主權、治權「各自表述」的情形下發展即可，目前的情形就已經是如此了。如果馬英九認為他的歷史地位就是維持「九二共識」，那自然也就不需要和平協定了。

第五，民主政治有一個說法，在過了第二任的一半時，就很容易形成跛腳總統，特別是缺乏個人政治魅力者更容易如此。我們不知道，馬在第二任會否也變成跛腳，但是他在重大問題上的決斷權力，一定會隨著他任期的愈來愈短而逐漸減弱。如果這個邏輯是正確，馬英九如果不能在其第二任內的初期儘速推動兩岸政治協商談判，愈到後來，他要貫徹意志力的空間也愈小了。

第六，最後一個結構因素就是北京了。胡錦濤將於 2012 與 2013 年分別離開總書記與國家主席要職，未來的新領導人是否需要時間調適？不論如何，總是比已經兩任執政的胡錦濤多些考量因素，這也使得兩岸和平協定需要更多時間醞釀，而這時是否已經是馬第二任的後期了？

結語：質疑中仍有期待、憂慮中仍要準備

目前的民調顯示，馬英九與蔡英九的支持度並沒有很大的差距。一些泛藍民眾徘徊在是要繼續「含淚投票」或是「含怨投票」，甚而「含恨投票」。他們都是一群憂心民進黨執政會使得兩岸關係倒退的泛藍支持者。我們能夠體會他們對於選舉的憂慮，當然也希望馬英九繼續執政以後，能夠透過和平協定的簽署，為兩岸帶來一個長期且不可逆轉的和平發展環境。但是從本文的分析可以看出，兩岸和平協定的願景可能並不如想像的樂觀。

或許將來在回顧歷史時，會認為兩岸簽署和平協定的黃金時間應該在 2008-2009 年。即使如此，對於追求兩岸和平發展者來說，不應該只有悲觀，更需要有力挽狂瀾、中流砥柱的勇氣。期待本文以上的推論是錯誤的，兩岸和平協定的正式討論可以在 2012 年後順利開啟。我們能夠做的是繼續呼籲雙方政府認識到和平協定對於未來兩岸和平發展的重要，並為其在知識論述上做好準備，一俟雙方政府有意願時，我們可以提供完整且緊密的研究心得以供參考。這也是兩岸統合學會學者們的一些心願以及所能做的貢獻。

獨台的危機

認清兩岸和平發展的最大障礙是「獨台」而非「台獨」

「台獨」與「獨台」概念的釐清

為何台獨早已不是問題

　　(一)「台灣地位未定論」的過時

　　(二)「自決權」的不適與危險

　　(三)沒有人認真推動台獨

「獨台」的興起

　　(一)李登輝的「去一個中國」

　　(二)建構「獨台」的憲政基礎

　　(三)民眾不瞭解「獨台」的內涵

「獨台」的壯大

　　(一)「台獨」不成但成就「獨台」

　　(二)知識分子抗拒未成,「法理獨台」正式入憲

　　(三)國民黨繼續往「獨台」退讓

　　(四)美國是「獨台」的支持者

如何處理「獨台」難題,使兩岸和平發展得以持續

　　(一)「維持現狀」是大多數人共識,但它不是「獨台」

　　(二)兩岸的現狀是「主權宣示重疊、治權分立」

　　(三)「統合」而非「獨台」才是最佳選擇

認清兩岸和平發展的最大障礙是「獨台」而非「台獨」

　　這篇文章要提出一個重要判斷，即「台獨」主張與可行性早就已經實質結束，「獨台」已經是台灣的主流思考。「台獨」從來就不可能成功，這個原來只是個「稻草人」的主張，在虛幻的燈光下，被民進黨投射放大為「綠巨人」，致使兩岸有心和平發展者，忽略了另一個真正的危機，即「獨台」。

　　在「台獨」的掩護下，在「維持現狀」的包裝下，「獨台」極有可能成為未來的「台灣共識」，也一直得到美國等西方的默認與潛在支持。未來研究兩岸關係者宜瞭解，除了兩岸對目前在制度價值上仍有不同認知以外，對於「主權歸屬」這個屬於最高層次的認識歧異，已經是兩岸愈來愈不易跨越的鴻溝。

　　依目前的趨勢走下去，2012 年的大選，幾乎已經形成「隱性獨台」與「顯性獨台」的匯流。兩岸政策決策者與學者，應該開始認真思考：「獨台」現象，而非「台獨」，才真正是兩岸關係能否持續和平發展的最大障礙這一課題。

「台獨」與「獨台」概念的釐清

　　我們先來瞭解一下「台獨」與「獨台」兩個概念的異同。「台獨」論者以建立一個「主權獨立」的「台灣共和國」為最終目標，其主權範圍限定在台澎金馬。「獨台」定義為「中華民國主權獨立在台灣」，國家名稱為「中華民國」。

這裡所稱的「主權獨立」，自然是指獨立於中國大陸之外，換言之，「台獨」與「獨台」雖有名稱上的差異，但是在「主權獨立」這個核心概念上，是完全一致的。

「國家」與「政府」是兩個不同的概念。「國家」兼具「主權」與「治權」，對外以「主權」象徵，對內以「憲法」規範。「憲法」除了宣示立國精神與人民基本權利義務外，亦宣示主權所涵蓋的領域。政府行使主權的權力為「治權」。

中華民國成立於 1912 年。國共內戰，1949 年 10 月 1 日，中華人民共和國中央政府在北京成立。中華民國中央政府播遷至台北。韓戰促使兩岸分治成形，政治內戰迄今尚未正式結束。

由於中華民國迄今仍未變更「主權及於整個中國」的憲法條文與精神，因此，目前的憲法仍是「一中憲法」。「國家」與「政府」、「主權」與「治權」是分別不同的概念。中華民國政府歷經三個階段：第一階段「中華民國政府在大陸」；第二階段「中華民國政府到台灣」；第三階段「中華民國政府在台灣」。「中華民國到台灣」或「中華民國在台灣」的用法並不正確，至於用「中華民國是台灣」，那就更是錯誤。所謂「中華民國是台灣」意指中華民國的主權與領土範圍均在台澎金馬，這種說法就是標準的「獨台」了。

為何台獨早已不是問題

每一種獨立運動均會從歷史或國際法中找尋其獨立的理由或法理依據。「台獨」也並不例外，將「台灣地位未定論」

與「人民自決」做為其理論的依據。

(一)「台灣地位未定論」的過時

有關「台灣地位未定論」的討論，本人已經在中評網發表了完整的說明（2011 年 9 月 8 日，〈舊金山和約六十週年的省思〉）。「台灣地位未定論」是韓戰期間，美國為了介入台海事務所創造出來的政治主張。1951 年的舊金山對日和約雖然沒有明文規定將台灣與澎湖歸還給兩岸哪一個中國，但是從中華民國政府自 1945 年已在台灣實行統治權，而沒有全世界任何一個國家或政府提出異議，當時中華民國為聯合國常任理事國，其所轄領土焉有「地位未定」的道理。所謂「台灣地位未定」，從來就只是美國基於本身亞太戰略利益的政治立場的宣示看法而已，而非法律歸屬的認定。

1972 年《上海公報》，公報中明文寫到「美國方面聲明：美國認識到，在台灣海峽兩邊的所有中國人都認為只有一個中國，台灣是中國的一部分。美國政府對這一立場不提出異議」。《上海公報》毫無疑問的是一份政治性的公報，明確地回答了美國對台灣地位的最新政策。美國雖然沒有明說台灣屬於兩岸的哪一個中國，但是已經清楚地表達了正式放棄「台灣地位未定論」的立場。

「台灣地位未定論」原本就是一個製造出來的政治主張，始作俑者美國在 1972 年已經正式放棄，但是一些台獨主張者到目前為止還是將其奉為理論依據，有些可笑，也可悲，但也更可以證明台獨理論的貧乏。

(二)「自決權」的不適與危險

「自決權」的行使包括兩種類型。第一種是聯合國相關條

約賦予被殖民地區人民尋求獨立的一種權利。基於台灣在1945 年已經歸還給中華民國，已非殖民地，自然沒有再尋求經由自決權完成獨立的問題。

第二種是在一個國家內部，透過民主程序容許某一個地區獨立或分離。這個程序，公投或國會通過均可。例如蘇聯在1991 年分解為十五個共和國。透過斯洛伐克在 1992 年的全民公投同意，1993 年捷克與斯洛伐克和平地解體成為兩個獨立國家。如果一方想要自決獨立，另一方不同意，那麼只有透過武力一途來解決，例如車臣與俄羅斯的關係。

從理論上來說，台灣當然可以追求獨立，但是它必須經過兩個關卡。第一是憲法的規定。如果要改名為「台灣共和國」，那已經不屬於修憲層次，而是革命或制憲層次，因此，它必須透過「革命」或「全民公投」，而非經由現有的憲政程序完成。台灣內部是否會因為「台獨」而發生內部衝突，我們不知道，但是它一定會面對第二道關卡，就是北京的反對立場。

毫無疑問的，北京不會容許台灣走向獨立，如果台灣要舉行「制憲公投」，北京的強烈反應可想而知。美國基於其在亞太的利益考量，也不會容許台灣走向獨立，因此，外在條件完全不容許台灣走獨立的道路。

(三)沒有人認真推動台獨

另一個因素在於台灣民眾對於追求「台獨」的真正期望。從國際上的案例來看，要追求獨立往往必須付出鮮血的代價。我們實在看不出來，台獨的支持者中有多少個會願意為獨立而拋頭顱灑熱血。從新聞中可以看到，台灣的台獨支持者了不起

透過嘉年華會式的活動揮揮旗子、喊喊口號罷了。

2005 年 3 月 1 日陳水扁在面對歐洲議會視訊時說得很清楚：「我不能夠騙自己，我也不能夠騙別人，我做不到，我就是做不到。在我的任期之內，要把台灣的國號改為台灣共和國，我做不到，我也相信李登輝前總統在他過去的十二年的任期他也沒有做到。」陳水扁的確說了實話，這不是推卸之詞，而是真實的情形。

我生長於台灣，在外交部工作逾十年，在陸委會工作多年，研究國際關係，我也必須要說，不要再相信「台獨」的論述，在台灣，「台獨」只是一個方便選舉操作的假議題。希望關心兩岸和平發展的朋友，不要再將「台獨」當作假想敵。「台獨」已經成為歷史，未來影響兩岸和平發展的因素，一個在大陸，一個在台灣。在台灣最大的挑戰是逐漸已經形成為藍綠共識的「獨台」或「偏安」主張。

「獨台」的興起

在蔣經國逝世以前，中華民國在主權問題上的立場很清楚，即「主權涵蓋全中國」。雖然與北京是「敵人」般的勢不兩立，但是進行的是中國的「正朔」之爭。蔣介石時期是「中華民國政府到台灣」，目標是「反攻復國」；蔣經國時期是「中華民國政府在台灣」，進行的是「革新保台」。兩者雖然均自知反攻統一希望渺茫，但是不願永遠偏安台灣。期望能夠壯大台灣，將台灣建設為三民主義的模範省，視整個中國為一整體。他們即使逝世也未入土為安，而是選擇暫時「奉安」於桃

園慈湖。

　　兩蔣時期的堅持，中華民國政府固然在台灣，但是堅守孫中山思想的三民主義，復興中華文化，均是為了維護其政權的正當性。蔣經國在其逝世前開放大陸探親，更是為兩岸民族的臍帶重新連結。對於蔣經國而言，開放大陸探親絕對不是一個經貿互惠的商業行為，而是一個重構兩岸人民認同的過程。

　　蔣經國的遺囑中仍念念不忘統一中國。或許很多人沒有看過全文，記述如下：「經國受全國國民之付託，相與努力於以三民主義統一中國大業，為共同奮鬥之目標。萬一余為天年所限，務望我政府與民眾堅守反共復國決策，並望始終一貫積極推行民主憲政建設。全國軍民，在國父三民主義與先總統遺訓指引之下，務須團結一致，奮鬥到底，加速光復大陸，完成以三民主義統一中國之大業，是所切囑。」

(一)李登輝的「去一個中國」

　　做為蔣經國的接班者，日據時期名為「岩里正男」的李登輝，以武士道「忍」的精神，依照憲法民主程序，接下了總統的大位。他沒有辦法遏制蔣經國已經開啟的兩岸交流，在初期權力不穩時也不敢挑戰國民黨的統一政策。為了得到國民黨內部的全面支持，1991 年召開「國家統一委員會」，制定《國家統一綱領》。事實證明，他自己從來就沒有信仰過這份綱領，這份綱領只是他為了取得「權力上的非主流派」的支持而做的妥協。

　　國民黨的黨員是相信這份綱領的，北京對於這份兩岸分治四十多年來首次提出的統一綱領也並未持完全否定的態度。由

於兩岸在「一中」與「追求統一」原則上有了交集，為了順利
開展事務性交流，1992 年兩岸透過海基會與海協會達成「一
中各表」的共識，這個後來被稱之為「九二共識」的內容為：
兩岸堅持一個中國，但是對於一個中國的涵義，究竟是指中華
民國還是中華人民共和國，兩岸有不同的看法。

　　由於有了「九二共識」，才有 1993 年的「辜汪會談」，
也才有相關事務性協議的簽署。

　　做為武士道的信仰者，當他在國民黨內權力已經鞏固時，
他開始遂行其個人的政治信仰。他一方面開始拆解《國統綱領》
的統一目標，一方面運用台灣本土意識鞏固其威望，進一步支
解國民黨的立國精神與憲法。

　　首先是對「一個中國」的定義重新詮釋。1994 年行政院
大陸委員會公布的《台海兩岸關係說明書》，是李登輝任內首
份，也是唯一的一份大陸政策白皮書。這份由當時的主委，日
後的台聯主席黃昆輝所公布的白皮書，不再依據「九二共識」
的原意，而是將「一個中國」定義為「歷史、地理、文化、血
緣」上的中國。「一個中國」從此從政治法律意涵上的中國，
轉變為民族概念的中國。

　　1999 年李登輝在接見德國記者時說得更清楚了，兩岸是
一種「特殊的國與國」關係。在李登輝的定義中，所謂「特殊」
是指兩岸有共同的民族血緣。從法律與政治關係上來說，兩岸
已經是相互獨立的主權國家了。

　　李登輝有他的限制，也有他的謀略。他的限制在於他是國
民黨的主席，也是國民黨籍的總統，因此他無法一下拋棄國民
黨的原則，只是用蠶食的方式將中國國民黨演變為「台灣國民
黨」。他深深瞭解到，「台獨」不僅不容於國際社會，連國民

黨內部都會有不同的反對意見，因此，他準備從「獨台」著手。

(二)建構「獨台」的憲政基礎

　　1994 年尋求加入聯合國的策略，其實就是「獨台」論的第一個大動作。眾人均知，在北京不同意下，「重返聯合國」幾乎不可能成功。但是對於李登輝而言，他要的不是「重返聯合國」的成功，而是必然會激起北京打壓的氛圍，進而讓台灣人民對北京反感，也讓國民黨內那些所謂的「非主流派」必須選擇一起譴責中共。「重返聯合國」或以後的「參與聯合國」、「加入聯合國」，不論名目為何，其結果都是使得中華民國與中華人民共和國站上了對立面。另一方面透過各項活動場合，不停地明示或暗示，一個會打壓台灣的國際活動空間的政府自然是個敵對或不友善的政府，台灣為何要與他統一，「戒急用忍」與大陸保持距離，自然也就成為應有的立場。

　　在台灣，原本憲法的規定，總統要經過國民大會的委任選舉產生。在 1994 年 7 月召開的國民大會會議中，決定自下屆（第九任總統）開始，實施正副總統直接選舉。當時表面的理由是符合直接民主的潮流，但是背後的意涵卻是澈底與中國大陸的割裂。從國民大會的委任直選改為人民的直接選舉，等於在提問人民：未來的總統既然是由台灣地區人民直接民選決定，中華民國與中國大陸還有什麼樣的法理關係？

　　李登輝在其任內，進行了六次的修憲。將原有憲法的精神破壞殆盡，依照憲法大師胡佛的說法，台灣的憲法已成為了一部「飄浮的憲法」，西元 2001 年，在李登輝卸任以後的那一年，做為藍營思想大本營的《聯合報》為慶祝其五十週年社慶，

所出版的十年社論回顧選集名稱為《漂流的台灣》，記述在李登輝執政期間，台灣如何走向不知未來的「漂流」十年。

在歷史教育上，李登輝開始推動其「同心圓史觀」的歷史教育，中華民國的歷史開始被切割。在談論中華民國時，已經不是從堯舜禹湯文武周公開始，而是從原住民、荷蘭、明鄭、清、日本到國民政府來台，中華民國已經放在台灣，而非中國的歷史脈絡來界定。嚴格來說，李登輝在歷史教育上已經切割中華民國與中國的關係，進行了「獨台」的歷史思想教育。

李登輝在位的十二年，國民黨雖然執政，但是他的領導人卻執行的是「獨台」教育，黨內有少數菁英出走，但是由於出走的菁英是以支持「統一」來對照李登輝可能的「台獨」路線為由，可是李登輝走的並不是「台獨」，而是「獨台」，因此，這些出走者的論述並沒有辦法真正的挑戰李登輝。再加上當時的民進黨是以「台獨」為訴求，在反對「台獨」這個前提下，無論是國民黨內部，或是北京，都以打擊「台獨」為主要目標，而沒有注意到，「獨台」在「台獨」的掩護下，逐漸茁壯而成為主流。

(三)民眾不瞭解「獨台」的內涵

簡單地說，當時台灣內部有三種思想主流：一是爭取台灣主體地位與獨立建國的「台獨」論述；二是「維持現狀」，其中更多的主張「永遠維持現狀」；三是堅持中華民國憲法，以統一為最終目標的「統一」論述。在這三種論述中，「維持現狀」變成了既「不獨」也「不統」的中間選項。但是「維持現狀」到底是個什麼樣的兩岸定位呢？一般民眾根本說不清楚。

李登輝在其即將卸任時，不再隱藏其意圖，1999 年明白

地指出「兩岸是特殊國與國關係」的兩岸定位時，台灣民眾有
七成以上支持這樣的定位。一般民眾沒有接受過國際法與憲法
的訓練，根本無法分辨「國家」、「主權」與「政府」、「治
權」的不同之處在哪裡？他們簡單的認為，中華民國當然是一
個國家，中華人民共和國也是一個國家，兩岸不是特殊國與國
或兩國的關係，又會是什麼？他們認為一個是中華民國，一個
是中華人民共和國，兩岸不要統，台灣不要獨，這不就是現狀
嗎？

　　在台灣很少人會否認中華民國是個國家，絕大多數認為中
華民國當然有自己的主權。但是，他們並不能夠瞭解，對於一
般國家，「主權國家」自然是指「主權獨立的國家」，但是在
兩岸問題上，我們可以說，「中華民國是個主權國家」，「主
權涵蓋全中國」，即使國際間不承認，但是這是中華民國自己
憲法的宣示，只要大陸不要求公開更正，國際上也不會刻意杯
葛這種主張。可是如果說「中華民國是個主權獨立的國家」，
那麼問題馬上來了，「主權獨立」於誰？如果「主權獨立」於
大陸，那就變成了「獨台」，如果不是「主權獨立」於大陸，
為何要這樣說？

　　說實在的，一般人根本分不清楚其中的差別，這也給了「獨
台」滋長的溫床。

「獨台」的壯大

　　由於自 1994 年起，六年間李登輝在國家與兩岸定位論述

上的轉變，使得國民黨已經逐漸失去了黨的基本立場。在李登輝的政治操作下，「獨台」取得了論述的制高點，「一個中國」主張成為了「非主流」。2000 年大選，藍軍因為宋楚瑜和連戰的參與選舉而告分裂，讓民進黨的陳水扁漁翁得利。但是很遺憾的，做為在野的國民黨不思如何回歸正道，反而是沒有跳脫出李登輝所設下的「獨台」框架，未能發展出一套符合台灣利益與兩岸共同發展的論述。

(一)「台獨」不成但成就「獨台」

沒有論述自然就必須被民進黨牽著走。2000 年陳水扁執政，他的「台獨」主張雖然本來就是一種虛幻，但是由於他的大張其鼓，讓國民黨、北京，甚而國際社會都以為陳水扁是玩真的。由於民進黨是執政黨，因此「台獨」這個稻草人被燈光背影放大為綠巨人。

國民黨所代表的藍軍基本上放棄了用「一個中國」、「統一」、「是台灣人也是中國人」等論述來對抗，雖然將李登輝驅離了國民黨，但是完全接受李登輝「台灣主體性」的觀點，而不思如何開創「兩岸共同的主體性」。開始用「中華民國在台灣」來對抗「台獨」。如此產生兩個結果，一是「統一」或「中國人」在台灣認同光譜上的快速弱化，二是避談「統一」或「中國人」的「中華民國在台灣論述」其實是更強化了「獨台」論述的正當性。

2002 年起，陳水扁一方面發表其「一邊一國」的主張，另一方面進行所謂的「烽火外交」，讓兩岸進入了「零和博奕」。這些激烈動作實際上的政治成果幾近於零，但是卻激發了近一半台灣民眾（泛綠）對大陸的敵視感覺。而當國民黨失去一套

如何能夠維護兩岸和平發展的主動論述時，剩下的只是「警告」台灣人民，如果「台獨」的結果會是如何？如果「公投」的結果會是如何？而這種「警告」的語言，也間接地促使台灣人民對北京政府的厭惡。視北京為一個打壓台灣的「他群」認識，就在這種充滿敵視的土壤中成長。

(二)知識分子抗拒未成，「法理獨台」正式入憲

2004 年陳水扁繼續執政。為鞏固與美國的關係，陳水扁決定要向美國採購 6,108 億元的軍購，當時國民黨反對所用的理由是指因為 2004 年的「軍購公投」沒有通過，親民黨反對的理由是「反對凱子軍購」。這些反對，一個是以「民主程序」，一個是以「經費太多」，都只是以技術性的理由，而沒有從兩岸關係與台灣安全的辯證上來思考。在台灣只有我所屬的「民主行動聯盟」組成「反 6108 軍購大聯盟」對政府做兩岸定位應為何的質疑。

2005 年北京公布《反分裂國家法》，表達北京反對「台獨」的堅定立場，但是如果台灣不宣布台獨，只是默默地走「獨台」呢？《反分裂國家法》似乎並沒有直接碰觸到這個問題。

2005 年台灣內部的第七次修憲，這次修憲涉及兩個議題，一是選舉制度的改變，一是未來修憲程序的改變。如果通過，台灣很難出現小黨生存的空間，未來的任何修憲將由台灣地區人民自決為之。當時的兩大政黨，為了消滅泛綠的「台聯」與泛藍的「親民黨」與「新黨」，不惜在修憲立場上合作。對於民進黨的作為我們可以理解，但是國民黨的作為其實等於呼應民進黨在憲法程序上的改變。我所屬的「民主行動聯盟」為

了反對這次涉及中華民國國家定位的修憲，號召150位有良知的學者專家，借了1,500萬元投入反對選舉。但不幸功敗垂成，不敵兩大政黨的夾殺。

2005年修憲的通過，「法理獨台」等於正式入憲，未來任何修憲的改變都必須經過台灣地區人民的公投做最後決定。這是重大的一個歷史關鍵點，很遺憾地，國民黨高興地結束了國民大會制也成功地消滅了未來泛藍小黨挑戰的可能，親民黨哀傷的是未來政治舞台有限。他們並沒有敏感地察覺，在李登輝的六次修憲後，這一次的修憲基本上是最後一個句點。要經由修憲走向「台獨」是不可能的，因此，修憲走向「獨台」卻幾乎已成真。

在2005年的修憲以後，一個隱含「法理獨台」的憲法已經形成，讓「法理獨台」不會變成浮出水面，成為「事實獨台」的最後一個條文，只剩下了憲法的第四條「中華民國領土，依其固有之疆域，非經國民大會之決議，不得變更之」。這也是憲法大師胡佛所稱「中華民國憲法已經成為一個飄浮的憲法」中維繫著《中華民國憲法》原則的那一根極為脆弱的法律條文。

一方面由於未來再修憲幾乎很難，所冒的風險也太大，民進黨對於要否修改涉及中華民國領土疆域範圍的第四條並無多大意見。例如謝長廷就認為，兩黨不妨來個「憲法各表」的「憲法共識」，讓國民黨主張主權涵蓋全中國，民進黨主張主權只在台澎金馬，其結果由人民來決定好了。

(三)國民黨繼續往「獨台」退讓

台灣十餘年來的修憲都是國、民兩黨聯手完成。差別在於民進黨一步一步接近他原來「台獨」的目標，但是以「獨台」

為終點，而國民黨一步一步離開他原有的主張，向「獨台」靠攏。2007 年民進黨為了選舉操作，推出「入聯公投」，國民黨也相應的推出「返聯公投」。雖然國民黨對外稱這是選舉策略操作的需要，但是也反映出國民黨已經沒有辦法再抗拒「公投」這個極可能帶來民粹的工具。

2008 年馬英九獲得執政。他的勝利並不是因為在兩岸關係或國家前途上有多麼開拓的政見，而是建立在陳水扁的貪腐基礎上。

馬英九執政四年以來，兩岸關係的確有長足的進展，特別是在兩岸經貿交流與人員觀光訪問上擴大深化，但是在兩件事情上，他卻不自覺深化了「獨台」的論述。

第一件是歷史教科書事件。馬政府上台以後，在陳水扁所留下的歷史教科書課綱事上，僅有若干「撥亂」的行為，而沒有達到「反正」的目的。現有歷史課綱是 1949 年以前的歷史放在中國史，1949 年以後的現況放在台灣史。換言之，從歷史教科書的陳述方式來看，中華民國已經等於台灣了。新的課綱仍然稱清朝統治下的台灣為「清領」時期，意指「清朝占領時期」，卻稱日本統治台灣為「日治時期」，意指「日本治理台灣時期」，而非站在中華民族觀點的「日據時期」。

第二件事在於馬英九政府這四年以來，對於兩岸政治定位的表述方式已經發生改變。2008 年選舉以前，馬英九的政見還包括推動兩岸和平協議、建立兩岸軍事互信機制，為此，胡錦濤在 2008 年底也做了回應。但是到了 2009 年中期，馬英九的態度開始轉變了，「中華民國是個主權獨立的國家」、「台灣前途由 2300 萬人共同決定」，這些已經是「獨台」的言詞

經常出現在馬政府團隊的口中,「先經後政」事實上卻是「只經不政」。2012 年選舉以前的三個月,「兩岸和平協議」已經不再是競選的政見,而是與一般人民共同表達期望而已,不僅如此,10 月 19 日,馬英九又為「兩岸和平協議」加了「公投同意」這個條件。

自 2004 年起,國民黨均反對用「公投」來於處理兩岸關係。2008 年的「返聯公投」也自我詮釋為只是避免與民進黨直接在「公投」議題上交鋒所做的權宜之計,日後在投票時也的確用消極的方式讓「入聯公投」與「返聯公投」均未能通過。但是這次在還沒有討論「兩岸和平協議」應有的內容前,就將之與「公投」掛鉤,將兩者掛鉤的政治意涵就是擔心在未來和平協議的協商過程中,主權會受到人民質疑,因而先打預防針。但是這種以「公投」方式來維護主權的思維,其實就是「中華民國主權獨立」思維下的標準反應,可以看成它是「獨台」認識下的必然行為。而這種行為,又會反饋再強化「獨台」論述。

馬英九以「不統、不獨」來陳述其立場。所謂「不統」,馬英九自己的解釋是「任內不談統」,可是從文字上來看,「不統」是指「不統一」而非「不談統」。所謂「不獨」,馬英九是指「不宣布台灣獨立」,但是馬英九卻主張「中華民國是個主權獨立的國家」,因此,所謂「不獨」並不是指不要「主權獨立」,而只是「不要台獨」。

為了讓自己的論述更為完整,在學者的建議下,馬英九從 2010 年底起,在「不統、不獨」的論述前又加上「在中華民國憲法下」等字眼。如果我們瞭解七次修憲後,中華民國的憲法已經是個幾近於「獨台」的飄浮憲法,馬英九的論述其實更

趨近於「獨台下的不統、不獨」,是一種「以中華民國主權獨立在台灣為基礎的不談統與不台獨」。簡單來說,這就是「獨台」的思維。

更何況,國民黨內部對於「一中」的解釋也出現分歧,有的認為「一中」是指「一個中華」,「兩岸同屬一中」可以解釋為「兩岸同屬中華民族」,這是完全承襲李登輝的「一族兩國」論述。

更有國民黨的發言人否認「一中」。2011年11月3日,國民黨發言人陳以信即表示「馬總統一向堅持中華民國主權立場,對於兩岸和平協議,他第一項保證就是要以中華民國憲法為架構;但民進黨卻硬要抹紅,硬說是為以『一中』為前提,硬是要栽贓傾中賣台」。或許是這位發言人太年輕,或許是對憲法與兩岸關係知識有限,但是他的發言等於是否定中華民國憲法為一中憲法,當然還有另外一種可能,就是這些年輕的朋友,心態與認知上已經完全成為「獨台」的論述者了。

由於國民黨的領導群目前還堅持那一根讓憲法得以飄浮而沒有斷裂的細線,還主觀性的認識自己的憲法為「一中憲法」,我們因此可以用「隱性獨台」來界定國民黨的主張,所謂「隱性」就是讓「獨台」論述還蒙上一層薄紗。

民進黨可就不是這樣想了。民進黨為了取得政權,1999年發表〈台灣前途決議文〉,明確地說台灣是個主權獨立的國家,只是國號暫時叫中華民國。其實民進黨完全瞭解,一個實質上獨立的「台灣共和國」完全沒有可能,他們只能採取「借殼上市」的方法。2011年10月9日,為了再次爭取中間選票,也為自己未來選上以後,可以得到泛藍理解與大陸的接受,蔡

英文喊出了「中華民國是台灣、台灣是中華民國」的新論述口號。

這樣的新論述表示民進黨已經準備接受「獨台」主張了。連民進黨以往的大老施明德先生也在其新著《常識》一書中，認為「中華民國是台灣」是一種常識。不同於國民黨的「隱性獨台」，民進黨的「獨台」主張卻是「顯性」的，他們的「獨台」論述，沒有「一中憲法」那薄薄的一層紗，而是明確的主張中華民國的主權在台澎金馬。

民進黨很清楚，他們要的是「主權獨立」，如果不能用「台灣」這頂帽子，用「中華民國」也無妨。其實他們早已經願意接受中華民國這個國號，不然他們早可以丟棄護照，也不需競選中華民國名位的公職了。他們沒有一定要追求以「台灣」為名的獨立，所謂「台獨」只是一個選舉技倆而已。

2012 年的大選，在兩岸定位論述上，是一場「隱性獨台」與「顯性獨台」的競爭與匯流。無論誰贏得選舉，「主權獨立」這個概念可能會形成主流，它極有可能成為台灣未來的共識。

(四)美國是「獨台」的支持者

如果我們回顧歷史檢驗美國的對台政策，美國從來就沒有同意過中華民國的主權在 1949 年以後還包括大陸，也沒有支持過中華民國追求統一，但是也從來沒有公開支持過「台獨」。美國的態度一直很清楚，就是他以「獨台」為其對台政策的基礎。

美國在 1954 年的《中美共同防禦條約》是以中華民國擁有的領土及主權僅及於台灣與澎湖為前提，連是否包括金門與馬祖都是一個問題。1979 年的《台灣關係法》美國對台灣做

類似國家的政治實體認可，也是以「獨台」的思維做為斷交後台灣的政治定位依據。

美國的立場也是國際社會的主流立場。不論是與中華民國是否有外交關係的國家，均從來沒有對中華民國主權涵蓋全中國一事認真的對待。雖然在文件上，不少國家同意北京政府是代表全中國的唯一合法政府，但是在實際運作上，也沒有任何國家真正完全認同於中華人民共和國的主權涵蓋台灣。

持中華民國護照可以走遍全世界，甚而目前持中華民國護照可以在全世界享有 124 個國家與地區免簽證的待遇，遠遠還超過持中華人民共和國的護照。護照是一種「主權」的對外展示，中華民國護照的全球通行，其實正反映出了中華民國的主權不被國際社會認同可以及於全中國，也不為中華人民共和國所包含。國際對台灣事實上執行的就是一種「獨台」定位。

如何處理「獨台」難題，使兩岸和平發展得以持續

「獨台」能夠成為中華民國國家定位的要角絕非偶然，它有豐沃的土壤供其成長。從歷史進程中來看，中華民國成立於 1912 年，目前中央政府在台灣，它從來沒有滅亡過，其政府也不是個流亡政府。從政治法律現實來看：目前的北京政府迄今從未統治過台灣，中華民國迄今仍是個國際法人，只是因為北京壓力，不被大多數國家主觀承認。從北京論述來看，「一國兩制」等於是中華民國消失、台灣的被統一。從心理恐懼中

來看，大陸太大、台灣太小，固住自己才是安全。從體制差異來看，沒有信心改變大陸，自己也最好不要讓大陸改變。從民主理論中來看，人民有自由決定自己政治制度的權利，公投是心理上的最後防禦機制。當這些觀點成為主流時，「維持現狀」即成為必然的選擇。

在「統獨」二元思維下，這些觀點均沒有被一一地認真對待與處理。在「反台獨」的大戰略下，這些問題反而愈講愈不清楚，「獨台」因而興起與壯大。

應該如何看這個問題？由於篇幅，容我先簡單回答一些基本觀念，有了基本瞭解，我們才能夠真正的找到兩岸和平發展的平穩路徑。

(一)「維持現狀」是大多數人共識，但它不是「獨台」

我想從兩方面來探討。第一，以美國為代表的國際社會是以本身的利益為出發點，維持兩岸分治，分別與雙方維持友好關係，不公開介入兩岸事務，最符合他們的國家利益。在兩岸目前無法統一，「台獨」完全不為大陸容許的情形下，「維持現狀」較符合他們的需要。因而，兩岸必須自己思考，如何處理「獨台」的難題。

第二，對於台灣民眾來說，由於已經完全沒有了蔣經國時期「三民主義統一中國」的雄心壯志，再由於大陸快速的崛起，兩岸物質實力逐漸拉大，「統一」對他們來說很容易被操弄為「被統一」。因此有關「統一」的論述在台灣幾乎已經沒有市場。另一方面，台灣民眾也知道，國際社會與北京根本不容許「台獨」，「台獨」只會帶來災難，因此「台獨」主張在台灣也沒有市場。在排除「統一」與「台獨」後，似乎答案只剩下

了「維持現狀」。

「維持現狀」到底是指什麼？不止一般民眾分不清楚，連政治人物也不見得說的明白。簡單的想法：兩岸「現狀」就是兩岸「互不隸屬」。但是到底是「主權互不隸屬」還是「治權互不隸屬」？人民又困惑了。民進黨說，當然是主權互不隸屬；馬英九說，兩岸互不承認對方主權。不承認對方主權不就是等於承認兩岸主權互不隸屬嗎？國民黨又說不清楚了。國民黨又說，中華民國是個主權獨立的國家。那麼「主權獨立」於誰呢？不會說是獨立於美國或日本吧！所謂「主權獨立說」，自然是指獨立於中國大陸。這不就變成了「偏安」的論述了嗎？

如果 2012 年的大選結果是「隱性獨台」與「顯性獨台」的匯合，是「主權獨立」主張的合流，蔡英文所期待的「台灣共識」，如果最後變成「中華民國是個主權獨立國家的共識」時，兩岸關係會變成什麼樣呢？真正出了問題時，台灣所期待的美國等西方國家會介入嗎？

(二)兩岸的現狀是「主權宣示重疊、治權分立」

一般民眾沒有受過國際法與政治學的訓練，他們無法分辨「主權」與「治權」、「國家」與「政府」的差別。我們有必要告訴台灣民眾，所謂兩岸的現狀，在「治權」方面，兩岸目前的確是分立，但是「主權」方面，兩岸對於主權的宣示是重疊的。兩岸目前憲法有關主權的規範都是包含對方的。要「維持現狀」就必須同時維持這兩種現狀。如果將「治權」的分立，擴張到了「主權獨立」，那麼就不再是「維持現狀」，而是改變現狀了。

寫這篇文章的目的在提醒國民黨與北京政府,「台獨」早已不再是個問題,「獨台」已經快成為台灣的主流思潮。這是由於國民黨十餘年從來沒有認真地建立自己的兩岸定位論述,而沒有跳脫掉李登輝所設計的「特殊國與國」框架。如果國民黨再不思改變,仍是順著民進黨的國家定位思路走,不僅在未來的選舉中愈來愈艱難,甚而會輸掉整個台灣。

北京也有必要儘早認清這個「獨台」趨勢,不宜在「反台獨」的思路中打轉,「一國兩制」是北京對於統一後的政治設想,「統一」以前兩岸應該是個什麼樣的政治定位呢?北京應該要認真思考「中華民國政府」的地位問題。北京愈是漠視,或是只是默認、不否認,而沒有明確的定位,將會助長「獨台」在台灣的滋長。

(三)「統合」而非「獨台」才是最佳選擇

「一中三憲、兩岸統合」不是一個為統一後所設計的兩岸定位結構,而是一個統一前、兩岸和平發展期的兩岸政治定位與走向設計。「一中」代表包括兩岸在內的「整個中國」,它的主權由兩岸人民所共有與共享。因此,未來在簽署兩岸和平協議時,兩岸應該共同承認不分裂整個中國的主權,維護整個中國主權與領土的完整。但是北京也應接受兩岸治權分立的事實,同意兩岸治權均來自於彼此的憲法。在這樣的基礎下,兩岸所簽署的和平協議,以及未來的各項跨兩岸協議均是構成第三憲的部分。

我們必須給「維持現狀」一個正確的詮釋。「維持現狀」絕對不等於「獨台」,在兩岸和平發展期,我們需要為兩岸在「統一」與「獨台」之間找到一條出路,「獨台」是一條似是

而非的死胡同,「統合」才是最佳的選擇。「統合」是防止「獨台」成真的唯一方略,更是能夠讓兩岸得以穩定和平發展,並有助於走向和平統一的最佳必由之路。

異化的九二共識

需要重新認識「九二共識」的原意

「九二共識」的形成過程

  (一)北京的立場：主要是堅持一個中國原則

  (二)台北的立場：主要是「一中各表」

兩岸對「九二共識」的立場與原則：兩點相同、一點不同

1992 年後：兩岸存在對一個中國內涵「各表」與「不表」
  的歧異

「九二共識」開始異化：一個中國的定義與兩岸關係性質的
  異化

「九二共識」名詞的出現：為了避開「一個中國」這四個字

「九二共識」的第三次異化：兩岸主權關係的異化

如何解決「九二共識」的異化：正本清源與繼續深化

追求能夠確保兩岸真正互信的共識：從「一中各表」到「一
  中同表」

需要重新認識「九二共識」的原意

2012 年 1 月 14 日，台灣大選結束，民進黨挫敗。大概沒有人會否認，民進黨不能接受「九二共識」是影響此次大選結果的一項重要因素。

經由國民黨的政治話語，以及北京與美國相關動作的表態，「九二共識」這四個字，在選戰後期已經成為兩岸和平發展是否能夠持續的代名詞。眾多台灣企業家因而在選戰後期紛紛站出來支持「九二共識」。在民眾的印象中，民進黨蔡英文堅決不接受「九二共識」，等於是否定了未來兩岸和平發展的可能，因而將選票投給了馬英九。

「九二共識」與兩岸和平發展息息相關。否定「九二共識」等於摧毀了兩岸良性互動的基礎。但是，「九二共識」真正的內涵是什麼？兩岸均主張「九二共識」，但是雙方對於「九二共識」的內涵是否有一致看法？所謂的「共識」是真正的共識，還是同意各說各話的共識，或是有的部分有相同見解，其餘部分則各自表述的共識？「九二共識」是否真如國民黨所說的「一中各表」，還是北京也有他的看法？更重要的是，1992 年的所謂「九二共識」迄今已經二十年了，這二十年間，兩岸所稱的「九二共識」是否還是 1992 年的共識？它的內涵是否早就已經異化了？

歷史當然無法重來。但是我們如果將場景拉回到選舉以前，蔡英文所持的戰略立場，不是完全否定「九二共識」，而是民進黨採取以下三段論的主張：「九二共識即是一中各表的

共識」；「一中是指中華民族」；「中華民國是台灣、台灣是
中華民國，主權獨立且僅及台澎金馬」。如此的表述方式幾乎
與國民黨的主流論述沒有差別，國民黨就不容易將「反對九二
共識就是反對兩岸和平」的帽子壓在民進黨頭上，選舉的結果
也可能就會有所不同。

　　如果民進黨做以上三段論述，國民黨會如何因應？是不斷
的強調「中華民國主權及於中國大陸」，還是把「依照中華民
國憲法」的口號搬出來？如果民進黨再回應：兩黨應有「憲法
各表」的「憲法共識」，即相互尊重彼此對於憲法主權範圍部
分各抒己見，交由選民來決定支持哪一黨的憲法主權範圍主
張。

　　北京又會如何回應？繼續默認「九二共識就是一中各
表」？堅決反對中華民國的主權獨立並僅及於台澎金馬？如果
民進黨再告訴選民，國民黨不也是主張「九二共識就是一中各
表」、「中華民國是個主權獨立的國家」，為何北京都默不作
聲，並支持馬英九？

　　以上這些假設性的問題，這次選舉沒有發生，並不表示未
來不會成真。這些假設性的問題其實正反映出了一個現象，即
「九二共識」的本質早已經異化了。現在台灣內部所主張的「九
二共識」與1992年的「共識」內容已經有了本質上的不同。

　　本文撰寫的目的在於筆者認為，為了讓兩岸關係能夠持續
和平發展，有必要再對「九二共識」重新認識，或者正本清源，
或者繼續深化，正本清源的目的在於防範一個異化的「九二共
識」將兩岸關係帶上歧路，繼續深化九二共識的內涵，則可以
讓兩岸關係的和平發展得到鞏固。

「九二共識」的形成過程

　　曾任海基會董事長的辜振甫先生曾說：「『九二共識』並沒有 consensus，如果要問他，他認為有 consent（承諾、默許）或 accord（相同見解）」（2002 年 9 月 19 日，《中央日報》）。從國際關係的概念來看，1992 年的兩會過程與結果，是一個建立互信的行為。「九二共識」的內容其實就是 1992 年兩岸建立互信的內容，以國際關係的述語，「九二互信」或許更能傳神地界定當時的情境。不過，我們仍約定成俗，以「九二共識」來表述之。

(一)北京的立場：主要是堅持一個中國原則

　　1987 年台灣開放老兵返鄉探親，開啟了兩岸交流。因兩岸民間交流漸趨頻繁，有關兩岸文書驗證及共同打擊犯罪問題，亟待解決。海基會於 1992 年 3 月派代表赴北京與海協會首度協商，隨後兩會經數度函電溝通，決定在 1992 年 10 月 28 日在香港協商有關兩岸文書查證之協議。

　　在此之前，北京提出此項協議需以「一個中國原則」為前提，並要求在協議文中載入相關文字。海協會並提出五種方案。分別為：

方案一：海峽兩岸文書使用問題是中國的內部事務。

方案二：海峽兩岸文書使用問題是中國的事務。

方案三：海峽兩岸文書使用問題是中國的事務。考慮到海峽兩岸存在不同制度（或國家尚未完成統一）的

現實，這類事務有其特殊性，通過海協會、中國
公證員協會與海基會的平等協商，予以妥善解
決。

方案四：在海峽兩岸共同努力謀求國家統一的過程中，雙
方均堅持一個中國之原則，對兩岸公證書使用
（或其他商談事務）加以妥善解決。

方案五：海峽兩岸關係協會、中國公證員協會與海峽交流
基金會依海峽兩岸均堅持一個中國之原則的共
識，通過平等協商，妥善解決海峽兩岸文書使用
問題。

以上各方案中均載有「兩岸文書查證是中國內部的事務」
或「兩岸均堅持一個中國之原則」的文字。

對於海協會提出的五種方案，台北方面均表示無法接受，
但是也體認，「一個中國原則」是北京不可能退讓的底線，而
且「一個中國原則」本來也就是中華民國的憲政立場，只是北
京已經在國際間占據了「中國」這個話語權，要如何處理這個
問題？

(二)台北的立場：主要是「一中各表」

1992 年 8 月 1 日國家統一委員會對一個中國的涵義預作
解釋，做為台北方面的基本立場。

國統會通過的「關於『一個中國』的涵義」，對於「一個
中國原則」的看法是：「海峽兩岸均堅持『一個中國』之原則，
但雙方賦予之涵義有所不同，中共當局認為『一個中國』即中
華人民共和國，將來統一後台灣將成為其轄下的一個『特別行

政區』。我方則認為『一個中國』應指 1912 年成立迄今之中華民國，其主權及於整個中國，目前之治權，則僅及於台澎金馬，台灣固為中國之一部分，但大陸亦為中國之一部分」。

針對大陸海協會所提出的五種表述方案，台灣方面陸委會經反覆研酌，也提出五種對案，授權海基會於會談中酌情提出。海基會將陸委會授權的五種表達方案，酌加修正為三種，並獲陸委會同意，這三種表達方案是：

方案一：鑑於中國仍處於暫時分裂之狀態，在海峽兩岸共同努力謀求國家統一的過程中，由於兩岸民間交流日益頻繁，為保障兩岸人民權益，對於文書查證應妥善加以解決。

方案二：海峽兩岸文書查證是兩岸中國人間的事務。

方案三：在海峽兩岸共同努力謀求國家統一的過程中，雙方雖均堅持一個中國的原則，但對於一個中國的涵義，認知各有不同。惟鑑於兩岸民間交流日益頻繁，為保障兩岸人民權益，對於文書查證，應加以妥善解決。

1992 年 10 月 28 日，雙方由海基會與海協會代表在香港商談。在商談的過程中，雙方各依序提出表達方案，反覆折衝。基於對「一個中國」問題難有共識，陸委會乃授權海基會以各自口頭表述方式，以解決此一問題。海協會代表對此提議未表接受，中止商談。海基會代表則停留至 11 月 5 日，見海協會代表無返港續商之意願後，才離港返台。

海基會並於 11 月 3 日發布新聞稿表示：「海協會在本次香港商談中，對『一個中國』原則一再堅持應當有所表述，本

會經徵得主管機關同意，以口頭聲明方式各自表達，可以接受。至於口頭聲明的具體內容，我方將根據《國家統一綱領》及國家統一委員會本年八月一日對於『一個中國』涵義所作決議，加以表達。」同日，海基會致海協會函中亦表達完全相同之意見。海協會孫亞夫並於是日致電海基會秘書長陳榮傑，表示尊重並接受海基會之建議。

隨後，海協會於 11 月 16 日致函海基會表示：「在香港商談中，海基會代表建議，採用兩會各自口頭聲明的方式表述一個中國的原則，並提出具體表述內容（見附件——即海基會第三案）。其中明確表達了兩岸均堅持一個中國的原則。……11月 3 日貴會來函正式通知我會表示已徵得台灣方面的同意，以口頭聲明的方式，各自表達。我會充分尊重並接受貴會的建議，並已於 11 月 3 日電話告知陳榮傑先生。……現將我會擬作口頭表述的要點函告貴會：海峽兩岸都堅持一個中國的原則，努力謀求國家的統一，但在海峽兩岸事務性商談中，不涉及『一個中國』的政治涵義。本此精神，對公證書使用（或其他商談事物）加以妥善解決。」

海協會 11 月 16 日來函後，海基會沒有立即回函，海協會即於 11 月 30 日再度來函，希望早日實現「汪辜會晤」，並建議 12 月上旬進行預備性磋商，12 月下旬實現「汪辜會晤」。後續的發展是，預備性磋商及辜汪會談，均是到了 1993 年 4 月上旬及下旬才舉行。

兩岸對「九二共識」的立場與原則：兩點相同、一點不同

　　從兩會往來的互動與文件中，可以看出，兩會開始時陷入僵局，其關鍵在於兩岸對於「一個中國原則」的看法不一。後來台北在國家統一委員會對「一個中國的涵義」作出聲明後，兩會日後才得以開啟辜汪會談。

　　兩會彼此能夠相互接受的重點如下：

　　北京方面的立場與原則包括三點：(1)堅持「一個中國原則」；(2)努力謀求國家的統一；(3)有關兩岸事務性協商，對「一個中國」的政治意涵採取「一中不表」方式。

　　北京以上第三個「一中不表」立場僅限於兩岸事務性商談，換言之，並沒有說明，兩岸未來可能的政治性商談是否亦適用「一中不表」原則。不過，從北京的立場看來，未來兩岸的政治性商談，有關一個中國原則或國家統一問題上不會接受「各自表述」的立場。正如同北京所說的，只有「在海峽兩岸事務性商談中，不涉及『一個中國』的政治涵義」。

　　台北方面的立場與原則，在海基會第三個方案中說得很清楚，也包括三點：(1)謀求中國統一；(2)堅持一個中國原則；(3)對於一個中國原則的政治意涵採取口頭各自表述立場。

　　如果說1992年兩岸之間有所謂的「共識」，那麼這個「共識」應該包括北京與台北分別表達的上述三項立場，缺一不可。將兩者做一比較可以發現，兩岸相同地方在於「堅持一個中國原則」與「謀求國家統一」，不同地方在於北京認為在事

務性協商上，對一個中國的政治意涵「不表」，台北方面則認為兩岸在「一中」政治意涵上可以「各表」。

北京與台北所主張的三點立場與原則均應該視為一個整體來看。換言之，如果有一方不再「堅持一個中國原則」、不再「謀求國家統一」，後者不論是「一中不表」或是「一中各表」，都是沒有意義的主張了。

1992 年後：兩岸存在對一個中國內涵「各表」與「不表」的歧異

雖然北京對於 1992 年兩岸來往書信文件所形成的相互瞭解，並沒有同意以「一個中國，各自表述」（一中各表）的論述，但是台北方面卻以「一個中國、各自表述」的共識來稱呼之。從所屬國民黨財團法人國家政策研究基金會 2002 年出版，由蘇起與鄭安國所主編的《「一個中國，各自表述」共識的史實》一書的書名即可看出，兩位作者即認為「一中各表」是當時 1992 年兩會所達成的共識。該書第肆部分「關於『一個中國，各自表述』共識重要談話一覽表」即詳列了台灣方面有關人士從 1992 年到 2002 年間主張「一中各表」即是「九二共識」的發言摘錄（第 63-84 頁）。

不過，在這本書中，也列出了北京方面的看法。1996 年 11 月 1 日，當時的海協會常務副會長唐樹備稱：「九二年兩會經過協商，曾經達成：海峽兩岸均堅持一個中國原則，雙方各自就這句話進行口頭表述的共識。對於一個中國的內涵，兩

會的事務性協商中不討論。台灣方面把這發展成『一個中國，各自表述』，那是它的事情，與當時的共識風馬牛不相及」（第67-68 頁）。

李登輝 1999 年 7 月 9 日發表「特殊國與國」後，台北方面的陸委會於 8 月 1 日發表〈對等、和平與雙贏──中華民國對特殊國與國關係的立場〉書面說明。8 月 4 日中台辦與國台辦發表正式聲明回應指出：「1992 年 11 月，海協會與海基會達成各自以口頭方式表述『海峽兩岸均堅持一個中國之原則』的共識。台灣當局將這一共識歪曲為『一個中國，各自表述』，是為了在『各自表述』的名義下塞進分裂主張，……海協會從來沒有承認、今後也不會接受台灣當局編造的所謂『一個中國，各自表述』」（國台辦，1999）。

大陸海協會會長汪道涵先生在 2000 年的發言也指出，「恢復兩會接觸對話的關鍵，是台灣方面明確承諾不搞『兩國論』、承諾兩會 1992 年達成各自以口頭方式表述『海峽兩岸均堅持一個中國』的共識，這樣兩會的事情就好辦，接觸對話就可以馬上開啟」。

從兩岸相關人的談話可以看出，台北方面將重點放在「一中各表」，北京則將重點放在「堅持一個中國原則」。對於北京來說，「一個中國原則」代表著國家領土主權完整、反對台獨主權獨立。北京擔心「一中各表」會被表述成了「兩國論」。對於台北而言，擔心過分強調「一個中國原則」，會變成默認接受北京對於「一個中國主權」，會使台灣成為地方政府的主張，因而強調「一中各表」，希望表達在主權方面「一個中國是中華民國」的立場。

「九二共識」開始異化：一個中國的定義與兩岸關係性質的異化

「一中各表」的精神來自於《國統綱領》與憲法。依照《國統綱領》，一個中國是指中華民國，依照憲法第四條，中華民國的領土為固有疆域，即主權涵蓋全中國。不過這個「一中各表」的精神，在 1994 年就遭到了台北方面主政者自己的否定。1994 年是「九二共識」第一次的異化。

1994 年陸委會發表的第一份大陸政策白皮書，即《台海兩岸關係說明書》，將「一個中國」界定為「歷史、地理、文化、血緣上的中國」，而不再專指「中華民國」，從此，「一中」就變成了一個可以是「虛」的「民族」概念。

「九二共識」的第二次異化是李登輝卸任前。1999 年李登輝提出兩岸是「特殊國與國關係」的看法。從李登輝的論述來看，「一中各表」自然可以表述成「一個是中華民國，一個是中華人民共和國」。由於他先前主張「一個中國」只是個虛的民族概念，因此李登輝要表述的是兩岸為兩個不同主權的國家，所謂「特殊的」是指兩岸均為同一民族而已，這個「特殊性」不具有政治或法律意涵，純粹只是個民族概念。所謂「特殊國與國」，關鍵不在於雙方用什麼「國名」，而在於彼此都是「主權互不隸屬」的兩個國家。

在李登輝提出「特殊國與國」後，1992 年「共識」的第一項原則「一個中國原則」基本上已經不存在了。「一個中國

原則」是指「整個中國主權與領土的完整」，而李登輝的「特殊國與國」指的是兩個主權國家關係。當 1992 年共識的第一個原則遭否定後，第二個原則「謀求國家統一」如果要成立，就必然只能是「先獨後統」方式的不同主權再統一，而不是兩岸主權沒有分割下的治權再統一。北京應該是不會同意這樣的統一路徑的。

「九二共識」名詞的出現：為了避開「一個中國」這四個字

2000 年政黨輪替，民進黨 5 月上台。在民進黨上台以前，曾任陸委會主委，也是公認「九二共識」這個名詞的創始人蘇起在他的文章中表示：「因為憂慮兩岸前景，希望能創造某個模糊概念，讓兩岸能在『一個中國』問題上解套，本人曾在 2000 年 4 月脫離公職期前夕，創造『九二共識』這一個新名詞，企圖避開『一個中國』這四個字，並涵蓋兩岸各黨的主張」（蘇起，〈序：「一個中國，各自表述」共識的意義與貢獻〉，蘇起、鄭安國主編，《「一個中國，各自表述」共識的史實》，2002 年，國家政策研究基金會，第 VII 頁）。

從蘇起的文字來看，用「九二共識」來取代「一中各表」，其目的在化解民進黨對於「一個中國」可能無法接受的疑慮，希望將 1992 年兩會所達成的「共識」，籠統模糊以「九二共識」表之。

蘇起的善意與用心，我們可以理解，但是以隱晦「一個中國」為考量的「九二共識」用法並沒有解除兩岸之間的難題。

對於民進黨的陳水扁而言,他承續的是李登輝以兩岸主權互不隸屬、相互獨立的「兩國論」,即使將「一中各表」詮釋為「九二共識」,民進黨仍有疑慮。

2000 年 5 月陳水扁上任初期,雖然提出了「四不一沒有」(即不宣布獨立,不更改國號,不推動兩國論入憲,不推動改變現狀的統獨公投,沒有廢除國統綱領與國統會的問題),在就任初期(6 月 26 日)曾對外賓表示接受「一個中國,各自表述」,但是隨即很快的被蔡英文主政的陸委會所否認,到了 2001 年,陳水扁開始澈底的否認「九二共識」,批評它為「賣台」。2002 年陳水扁更提出了「一邊一國」的「兩國論」,瓦解了「九二共識」可能的任何想像。

有時候,善意可能會帶來意想不到的負面結果,將「一中各表」以「九二共識」取代就不幸的陷入了這個情形。民進黨執政八年期間沒有接受「九二共識」,但是「一中各表」中的「一中」表述卻因為沒有人再多提或避提,它逐漸從台灣的主流論述中消退,甚而被視為是認同北京的話語。這樣的發展似乎也衝擊了 2008 年以後的國民黨重新執政後的台灣。

「九二共識」的第三次異化:兩岸主權關係的異化

2008 年國民黨的馬英九上台,「九二共識」再度浮出水面。在「九二共識」的基礎上,兩岸開啟了大交流的時代。

中國大陸方面多將「九二共識」的內涵定義為「各自以口頭方式表述『海峽兩岸均堅持一個中國原則』的共識」，台灣方面則認為「九二共識」的涵義是「一個中國，各自表述」。但是馬英九上台以後，「一中各表」四個字也出現了異化的情形。

從 2008 年馬英九任命賴幸媛擔任陸委會主委開始，馬英九在「一個中國原則」問題上出現了模糊的表述方式。相較台北方面在 1992 年所提及的三項原則「堅持一個中國原則、謀求國家統一、一中各表」，前面兩者提的愈來愈少。對於兩岸關係的立場，也從 1992 年的三項原則轉化為「中華民國在憲法架構下，以『九二共識』與『不統、不獨、不武』政策為基礎」的文字表述之。

另外，「中華民國是個主權獨立的國家」等表述方式經常出現在馬英九與國民黨政府的官員口中，陸委會的文宣短片，經常出現「中華民國是個主權獨立的國家」、「捍衛國家主權」、「台灣的命運 2300 萬人來決定」（相關影片請在網路上查閱：捍衛國家主權──RAP 篇）等宣導的重點。2012 年馬英九連任之後，也向民眾表白「未來四年將以生命捍衛中華民國的主權與國家的安全」（2012 年 1 月 24 日）。

相對的，「一個中國原則」、「謀求國家統一」等文字幾乎極少出現在馬英九的文字中，對於馬英九而言，「中華民國憲法架構」這八個字已經可以涵蓋「一個中國原則」與「謀求國家統一」，但是這樣的表述只是一種在「法理上沒有錯誤」的說法，從政治的角度來看，避免提某些文字也隱藏了某些政治性的考量，而其所產生的政治社會化結果則是「一個中國原

則」與「謀求國家統一」在台灣逐漸成為一個政治不正確的名詞。

從曾經任國防大學校長，也是空軍上將的夏瀛洲於 2012 年 2 月 10 日在西安有關「國軍共軍雖然理念不同，但是為了中華民族的統一，目標是完全一致」的談話再度引發台灣朝野對此又是一陣撻伐可以看出，「統一」已經快變成政治不正確言論的端倪。

如果站在中華民國的角度來看，「憲法架構」、「主權獨立」等表達的方式似乎並沒有錯，但是如果是站在中華民國目前還是個「一中憲法」，其主權及包括大陸在內的整個中國來說，「主權獨立」、「捍衛主權」這些用法就變成有問題了。所謂「主權獨立」是獨立於誰？應該不是指美國、日本或其他國家，「捍衛主權」也似乎不是指中華民國在中國大陸的主權。

從語意學來看，馬英九政府所說的「主權獨立」、「命運自決」、「捍衛主權」的對象就是中國大陸。這樣的表述方式其實已經趨近李登輝所主張的「特殊國與國關係」。

本人在 2011 年 12 月即在《中國評論》發表〈獨台的危機〉一文，提醒國民黨目前已經走上「隱性獨台」的道路（不同於「台獨」主張建立一個「主權獨立的台灣共和國」，「獨台」意指「中華民國主權獨立在台灣」。以「隱性」稱之，表示這樣的「獨台」論述還有一層「一中憲法」薄紗包裝）。在民進黨的蔡英文發表「台灣就是中華民國，中華民國就是台灣」等言論以後，民進黨逐漸已經採行「顯性獨台」的立場（即接受中華民國，但是主張其主權僅在台澎金馬）。無論是「隱性獨

台」或是「顯性獨台」，兩者有一相同點，即均主張「是個主權獨立的國家」。

雖然民進黨到選戰最後仍然沒有接受「九二共識」，國民黨贏得了選舉，但是，我們可以認為這是「九二共識」的勝利嗎？還是應該說是「異化的九二共識」贏得了選舉。

「九二共識」第三次的異化發生在 2008 年起，與第一次異化將「一個中國」異化為中華民族概念不同，也與第二次將「一中各表」表述為「特殊國與國關係」相異。第三次的異化出現在「一中各表」的「自我表述」方面。在 1992 年的「一中各表」論述中，一個中國是指中華民國，依據《憲法》與《國統綱領》，主權涵蓋全中國，但是 2008 年以後，國民黨雖然仍是用「九二共識」這個名詞，但是「各自表述」中的「自我表述」的內容已不再是「堅持一個中國原則」、「謀求國家統一」，而是「中華民國是個主權獨立的國家」、「不統（不談統）、不獨（不台獨）」。

由於民進黨在選戰過程中一直否認「九二共識」，國民黨很技巧地將「九二共識」化約為兩岸和平發展的代名詞，北京在支持馬英九連任為最高戰略目標原則下，也沒有對異化的「九二共識」提出批評或表示反對，而使得台灣社會普遍認為國民黨所說的「九二共識」僅等於「一中各表」，而忽視「九二共識」的其他兩個原則與立場，台灣的選民似乎也接受了「一中各表」可以將「一個中國原則」等同於「一個民族」的表述，也可以將「各表」做「符合台灣內部政治需要的表述」。

如何解決「九二共識」的異化：正本清源與繼續深化

「九二共識」是為兩岸事務性協商所達成的一項相互瞭解。但是「異化」後的「九二共識」目前已經出現了若干問題：

第一，兩岸認同並沒有因為「九二共識」的實踐而有趨近的趨勢，反而是持續分離。這是由於台灣對於「中華民國與中國」的關係表述方式經歷過李扁十二年，以及馬英九執政四年，與 1992 年時的表述方式有了不同的改變。經過十六年的政治社會化，台灣民眾似乎已經視中國等同於中華人民共和國，中華民國與中國的關係，從 1992 年時的「同一」關係變成了「異己」的「他者」關係。

第二，原有的「九二共識」就僅是為兩岸事務性協商所做的妥協性安排，如果兩岸未來要進入政治性協商，原有的「九二共識」並不足夠，更何況，現在連原有的「九二共識」都發生了異化，要進入政治性協商的基礎更難了。

如果兩岸想要長時期和平發展，面對一個已經三度被異化的「九二共識」，我們必須以下列做法為之：

第一，正本清源「九二共識」的本質。兩岸均需瞭解 1992 年所達成的互信包括四個重點：(1)兩岸均堅持一個中國；(2)兩岸均謀求國家的統一；(3)北京在事務性協商中不涉及一個中國的政治意涵（一中不表）；(4)台北對於「一個中國」政治性意涵「各自表述」。正本清源的目的在於回到 1992 年互

信的基礎，掃除 1994 年以後錯誤的各種見解，如此才能繼續
深化兩岸的事務性交流並開啟兩岸政治性協商。如果兩岸要在
政治議題上，特別是在兩岸政治定位上取得共識，進行簽署和
平協議，那麼就應該以下列第二種方法處理之。

　　第二，在「九二共識」的基礎上進一步深化，從「各表」
過渡到「同表」。或許我們可以暫時用「後九二共識」來表述。
與「九二共識」不同的是，在「九二共識」中，雖然主張「一
個中國原則」，但是北京對於「一個中國」的主權歸屬避而不
談。可是，眾所周知北京的立場為中國的主權屬於中華人民共
和國，這也是台北方面愈來愈不願意多談「一個中國原則」的
原因，因此，北京在「後九二共識」必然要對主權的歸屬是否
僅為中華人民共和國政府，或者應該由兩岸人民所共享做一表
示；在治權方面，北京也應該考慮，如何正面處理中華民國政
府治權的問題。北京愈不願意或不及早處理這些問題，台灣內
部有關於「獨台」的論述將愈強，如果時間長到過了臨界點，
兩岸的認同明顯已經撕裂時，兩岸要持續和平發展將變得困
難。

追求能夠確保兩岸真正互信的共識：從「一中各表」到「一中同表」

　　同樣的，台北方面也必須瞭解到，以「主權獨立」的立場
處理兩岸關係，注定會將兩岸關係帶進死胡同。所謂「主權互
不承認」的說法，等於同意北京不承認台北方面的主權，「治
權互不否認」的看法，也只是消極處理兩岸治權的權宜之計，

均不利於台灣未來的發展。台北方面將「主權互不承認、治權互不否認」發展成為「九二共識」的內涵之一，完全無法處理更進一步的兩岸政治性協商。台北也必須瞭解，「獨台」與「台獨」在「主權獨立」的意涵上是沒有差別的，當台灣的兩岸論述失去了對「統」的想像空間時，等於斷絕了台灣在中華民族發展過程中的參與及發言權，也失去了北京的信任，這樣的兩岸關係不可能會是健康的。

兩岸必須要站在民族主義的高度才能為「九二共識」正本清源，也才能在現有的「九二共識」基礎上深化兩岸共識。兩岸必須從「一中各表」走向「一中同表」，對於「一個中國的政治涵義」提出兩岸均能接受的主張，而非是一方「一中不表」，另一方「一中各表」。

如何處理已經三次異化的「九二共識」？我相信很多學者專家一定可以提出更卓越的見解，我個人認為有兩個做法，前者應是後者的基礎。

第一，兩岸應該重新回到 1992 年的「九二共識」，深切認識當時能夠建立「互信」的基礎，雙方的領導人或政策負責人應該多強調「九二共識」的應有內涵，學術界也宜針對「九二共識」再行論述，以免「九二共識」的以訛傳訛、繼續異化。

第二，兩岸必須接受目前兩岸在「主權宣示」（sovereignty claim）上是相互重疊的，在治權上均屬於憲政治權的現狀事實。從「主權互不承認、治權互不否認」走向「共同接受兩岸主權宣示重疊、接受兩岸均為憲政治權」。台北方面不應採行「不統、不獨」的消極政策，或者只是交流合作的經貿政策，

兩岸應該用「兩岸統合」的方式推動兩岸關係,在相關議題上建立共同體機制、推動共同治理。

重新正本清源「九二共識」或從「一中各表」走向「一中同表」,需要兩岸領導人的卓見與歷史使命,更需要兩岸人民的支持。做為學者一分子,希望透過本文喚起大家注意「九二共識」已經異化,兩岸應該開始積極思考如何正本清源或深化九二共識的立場,而不是放任「九二共識」繼續異化,最終到完全變質甚而崩解後才來處理兩岸主權與治權的問題,那時可能已是為時已晚。

異化的史觀與認同

前言：李白還是「我們」的李白嗎？

理論探討：由「我者」到「他者」的建構方式與路徑

用政治話語轉化認同：從「生為台灣人的悲哀」到「新台灣人」

用歷史教科書轉化史觀：「獨台」史觀的形成過程

教科書書寫方式：將中國史視為「他者」的歷史

結語：兩岸共同努力導正異化的史觀與認同

前言：李白還是「我們」的李白嗎？

　　最近藉上課與演講的機會，在幾個地方，分別在台灣大學、再興中學、交通大學，問了個同樣的問題。李白是「中國詩人」、「我國詩人」或者「兩者皆是」？在台灣大學問的對象是政治學系的高材生，在再興中學的對象是高中學生，在交通大學則多是一些學理工的學生。

　　如果這算是一個簡單的抽樣，答案就很清楚了。台灣目前的青年很難回答這個問題。因為他們所受的教育以及所面對的現實政治、社會、資訊狀況，「我國」不再等同於「中國」。李白已經從「我者」變成「他者」了。

　　在我讀書時候的認知，毫無疑問的，「中國」是「我者」，「中共」才是「他者」。曾幾何時，「中國」與「中共」均已從「我者」變成「他者」。為何如此？眾多因素中，政治領導人的引導，以及青年朋友所接觸的教科書自然是重要的一環，一個異化的史觀自然就產生了異化的認同。本文想探究這個問題。

理論探討：由「我者」到「他者」的建構方式與路徑

　　在討論教科書的史觀以前，我們先來瞭解一下歷史與地理概念的基本不同。歷史是個時間順序的概念，而地理則有著空間的特性，因此我們在認識地理時，可以從身邊最親切的地方

開始認識。例如，一個台北人可以先瞭解他的居住社區，然後是台北市、台灣、中國大陸、東亞、世界，也就是以自己居住的地點為核心，發展一種同心圓的認識方式。

可是在認識歷史時，往往是用一種時間的順序方式來進行。如果在敘述自己的家族史時，會先瞭解自己的祖先從哪裡來？自己是第幾代？在談論一個國家的歷史時，經常會先溯及自己歷史的源頭，然後依著時間到現在。

歷史是過去的事，而論述歷史者卻是活著的人。每一個民族國家都有他自己的史觀，不同政治立場的人詮釋歷史的方式也不盡相同。相較於地理的客觀，歷史本身就具備主觀的內涵。因此，有權勢者建構史觀，然後將其當成有色眼鏡送給他人，期望眾人能夠像自己一樣來看過去的歷史，如此才方便引導他們追隨走向未來。

史觀不同，認同則必然相異。同樣的，去其認同必先去其史觀。「亡其國」還不如「亡其史」來得重要，國亡還有可能再復，史亡則眾人失去靈魂，不再知歸處。當人民對於自己的過去都沒有共同認同時，這個國家民族就像一個瓷器，掉在地面，自然就碎了。

民主化以後的台灣，在認同問題上經歷了翻天覆地的改變。這個改變不是透過武力的暴力手段，而是經由民主化的種種程序。認同的轉變程序是在中華民國的體制內進行。「自亡其史」在歷史上的確不多見，但是卻在台灣活生生地出現。台灣所進行的「自亡其史」不是將自己消滅，而是把自己從中國歷史中的「我者」變成「他者」，建構了一套完全不同的史觀，自然也就產生了不同的認同。

從「我者」到「他者」是如何進行的？一個新國族認同如何建構？首先，當權者藉著創造議題，引發衝突，從而刺激原本穩定的空間，再以嶄新的擴張論述將原本的說法吸納，降服敵對者之餘，使反對者處於尷尬的位置，只能選擇加入或逃離其論述的新結構。

這套方程式應用在台灣時，原本穩定的空間在兩岸間是「一個中國」、在台灣內部是「我是中國人，也是台灣人」。創造議題是創造兩岸與台灣內部對立的議題，包括在國際間用加入聯合國來引發北京的反彈，凸顯「二二八」來切割國民黨與台灣人民的距離。促使「反對者」，包括反對加入聯合國的菁英變成支持北京的統派，從而失去在台灣民眾的支持；也包括質疑二二八事件傷害性與死亡人數者成為威權者的幫凶或不人道者，從而失去道德的正當性。因此，無論是理性探討兩岸關係者，或是希望理性看待國民黨統治時期者，不是只好選擇加入新的論述，就是選擇逃離。李登輝任內的國民黨的多次分裂就是在這樣的情況下發生。

新的論述創造者必然會用新的話語，一個可以與傳統抗衡，一個可以讓人民感覺驕傲與尊嚴的話語來引導人民。「台灣主體性」、「台灣優先」取代了「一個中國」與「兩岸互利」；「新台灣人」取代了「本省人」或「台灣人」；「民主」與「自由」成為「我者」的政治符號。

新的論述者除了在創造新的政治符號時，還會將新的符號與舊的符號混用，以逐漸消解原有符號的意義。「台灣」與「中華民國」的混用，讓地理名詞的前者與政治名詞的後者最後匯流，讓中華民國必須等同於台灣。「中華民國」與「中國」的混用也只是為了安撫舊有者的心理投射，並透過「中華民國等

同於台灣」的龐大話語壓力，讓他們最終選擇放棄「中國」的話語。

　　民主化以後的台灣，認同就在這樣的路徑與策略下，逐漸由原有的「我者」變成「他者」，產生了新的「我者」。

　　這些改變的方法，有的是透過政治人物的行為，有的是藉由教科書的書寫。我們先來談談從「生為台灣人的悲哀」到「新台灣人」的過程，以及背後的思緒因素。

用政治話語轉化認同：從「生為台灣人的悲哀」到「新台灣人」

　　1994 年李登輝接任總統大位已經六年，在主流與非主流一役中，成功地擊敗了非主流。李登輝權力已經可以定於一尊。這一年的 4 月，李登輝在接見日本作家司馬遼太郎時發出「生為台灣人的悲哀」。

　　事後，李登輝再補充他所說的「悲哀」，「什麼是台灣人的悲哀？台灣在外來政權統治下，根本沒有自己的政府，這和摩西為什麼要帶那些人出埃及是一樣的原因。我說，國民黨政權也是一個外來的政權。那是我第一次講外來政權……台灣人長久以來就是這樣讓人壓迫，不能自己管自己，這就是台灣人的悲哀」（張炎憲主編，《李登輝總統訪談錄(三)：信仰與哲學》，台北：國史館，允晨出版，2008 年，第 108-109 頁）。

　　這個「悲哀」不是一種國弱或民窮的悲情，也不是中華民族史觀下遭受西方列強壓迫的恨鐵不成鋼式的傷痛，而是一種

沒有辦法當家作主的悲哀,他要表達的是一種台灣長期被殖民的悲哀。

從近的來看,李登輝所說的悲哀的加害者與被控訴者是外來政權的國民黨,但是李登輝的晚年,把這個悲哀拉到台灣無法獨立的悲哀。這個悲哀的故事,他們決定從台灣四百年史開始講起。

1996 年李登輝通過直選的考驗,他成為台灣四百年來第一個民選的總統,他的正當性如旭日中天。一個民主化的台灣給予李登輝巨大的能量,他選擇杜正勝來執行他的新史觀建構工程。

1992 年杜正勝當選為中央研究院院士,隨即從一個獨身學術場域的研究者,轉向廣泛的歷史議題,及社會評論者。他的敢言特異風格,使他成為教育部的顧問,甚至成為 1997 年公布的《認識台灣》課程〈社會篇〉的編輯主任委員。

生長、生活在台灣的人,當然應該充分的認識台灣,但是《認識台灣》教科書的〈歷史篇〉卻不是從中華民族的角度來認識歷史,而是提出了一個新的史觀。一個嘗試將台灣與中國大陸原同為「我者」,切割為「我者」與「他者」對立的史觀。

1997 年 8 月《當代》雜誌開闢了「歷史教育與歷史意識專輯」,並刊登由杜正勝所撰寫的〈一個新史觀的誕生〉一文,該短文詳述同心圓理論的發起,他認為當前歷史教科書內容中,缺乏對親身土地的理解,也缺乏跨區域的歷史知識。因此,對於新教材的編訂,應該循著台灣－中國－世界的順序寫作。

同心圓理論的脈絡邏輯是,從地理的立場與框架來寫歷史,把台灣放在東亞或世界的角度,而不是放在中華民族歷史發展的角度來書寫台灣歷史。

　　一般而言，歷史教科書做為一種官方書寫架構下的作品，其主要的政治目的，在於建構民族與國家認同，它是打造國家與民族認同中，不可或缺的一項關鍵作為。從此，伴隨著同心圓理論，台灣青年開始接受一個新的史觀。

　　杜正勝是這樣界定他的史觀的：「我要提出三點：一是我們絕不能忘記台灣還有原住民的歷史，二是不能忽略海商或海盜與台灣的關係，三是自西元 1600 年以後，台灣歷史必須放在東亞之局勢之中，被殖民的角度思考」（杜正勝，《走過關鍵十年》，台北：麥田出版，2000 年，第 170 頁）。

　　很清楚地，杜正勝是從「殖民史觀」來講述台灣的歷史。與美國、加拿大、澳洲、紐西蘭等國家的歷史教科書一樣，為了賦予獨立的正當性，他們的歷史也是從原住民開始，以彰顯這個地方原來是個「似無主地」，然後再講述殖民政權的進入，最後完成了切斷與殖民國的關係，走向獨立建國。

　　美國是經過獨立戰爭才實現獨立，無論在地緣上或政治經濟上，台灣並不具備這個條件，因此，全新的獨立方式在實質上並不可行。那麼要如何做呢？最好的方式就是「借殼上市」，即把中華民國改造為一個不再屬於中國的主權獨立國家。讓中華民國與中國從「我者」變成「他者」關係。「同心圓理論」於是成為了台灣這個「我者」與中國這個「他者」切割的歷史書寫方式。

　　伴隨著歷史教科書的是「新台灣人」論述的出現。李登輝充分瞭解到狹隘的「台獨」主張不可能實現，以否定中華民族為內涵的台灣民族不可能成為台灣內部的共識。他因而採取了用「地理疆界」界定「國族主義」的策略，於他在任末期，也

是權力高峰之際，他創造了一個有別於「外省」與「本省」的傳統民族成員圖像：「新台灣人」的概念。

李登輝日後是以如下的談話來界定他所說的「新台灣人」：「在這一片土地上共同成長、生活的我們，不論是原住民，是數百年前或是數十年前來的，都是台灣人，也都是台灣真正的主人」（李登輝在 1998 年北高市長選舉前的台灣光復節前夕的談話）。「『新台灣人主義』就是不分先來後到，不分語言地域，共同在此地為台灣、為中華民國打拚、奮鬥、奉獻的一切人民，做為一個生命共同體的身分認同……『新台灣人』的提出，並不是只是著眼於選舉，更是基於整個族群的融合、社會的建設、國家的發展，進一步而言，為了我們後代子孫的遠景」（1998 年 12 月 8 日李登輝列席第三屆「國大」時綜合答覆）。

在「新台灣人」的論述中，已經不存在「本省人」或「外省人」的「他者」關係，兩者均融合為「我者」。相對於「台獨」主張者將中華民國視為「他者」，李登輝的「新台灣人」將中華民國視為「我者」。那麼，誰是「他者」呢？答案很清楚，一個經常打壓台灣的中國大陸是「他者」，一個「不自由」、「不民主」的中共政權是「他者」。

「新台灣人」論述的提出，代表李登輝開啟了新國族建構的工程。這個「新國族」的樑柱，不是「文化」或「民族」，而是「民主」與「自由」。自此，他以「新台灣人」來界定在台灣的所有族群，以「民主」與「自由」來取代「文化」與「民族」的認同。即使國名仍然叫做中華民國，但它已是一個「新國家」。

李登輝日後在答覆日本作家時稱：「吾人應該尊重逃到台

灣的人並不是要作統治者君臨天下，而是要建設新國家的精神。在建設我們的政治、我們的社會時，一定要在『自由』與『民主』中尋求基本精神。無論我們的根源是『客家』、『外省人』或『台灣人』，如果在政治上作這樣的區別的話，一定會立刻自陷於自我定位的危機之中」（日本《諸君》月刊 1999年 2 月號刊登作家深田祐介訪談李登輝專文）。

1998 年台北市長選前最後一夜，李登輝與馬同台「演出」下列的對話。李登輝先問「你是什麼地方人？」馬英九回答「我是台灣人，吃台灣米，喝台灣水長大的新台灣人」，李登輝再作球發問：「你要走什麼路線？」馬英九回應「李登輝路線！」

馬英九接受了李登輝的「新台灣人」認同，也贏得了大選。贏得選舉後的馬英九並不能夠真正明瞭自己獲勝的主要原因，反而是積極地接受李登輝的新國族認同的建構工作，他成立了「新台灣人基金會」。

2008 年馬英九執政，他啟用了李登輝的愛徒賴幸媛擔任陸委會主委，雖然他的確開啟了兩岸的大交流時代，但是那只是對一個沒有政治謀略、缺少智慧，會讓台灣陷入孤立的陳水扁激進路線的修正而已。如果不是李登輝在卸任前，急於框住未來台灣的定位選擇，喊出了「特殊國與國」，暴露了新國族建構的最終目標，因而激發了大陸的警覺，否則兩岸關係仍然會在「新國族認同」建構的土壤上緩慢成長。

眾人以為，馬英九執政代表著一個新的時代開始，特別是激進台獨與民進黨對於馬英九「終極統一」立場的批判。包括他父親馬鶴凌先生骨灰壇上「化獨漸統」四個字，更助長了外界認為馬英九「統派」的色彩。馬英九急於擺脫這樣的圖像，

於是「中華民國是個主權獨立的國家」、「台灣前途由 2300
萬人決定」、「不統、不獨」等話語相繼在他與他的團隊中出
現。

這些「話語」到底是馬英九的「政治語言」還是「真正認
同」。我不是他，無法回答。但是從他的作為來看，他其實早
已進入了李登輝的「新國族認同」結構中，無法也無意跳脫李
登輝為他結的網。他不知不覺中成為了李登輝最忠實的信徒，
他的確照著他在 1998 年時承諾的，即使是在 2008 年以後，仍
然走著「李登輝路線」。

歷史教科書就是一個例子，他缺少認識到這個問題嚴重性
的判斷，又缺少撥亂反正的勇氣，一個「新國族認同」的「獨
台史觀」就這樣漸漸地侵蝕所有年輕人的心靈。

用歷史教科書轉化史觀：「獨台」史觀的形成過程

所謂「新台灣人」，表面上是為求台灣四大族群「外省」、
「閩南」、「客家」、「原住民」的融合，但是其背後的真正
意涵在切割台灣與中國大陸的民族或國家認同。透過新的歷史
教科書，「新台灣人」是「台灣史」的住民，與大陸已是「他
者」的關係，透過歷史教科書，他們要學習或認識屬於台灣的
歷史。

一個以「殖民史觀」為基礎的《認識台灣》於 1997 年下
半年列入了國中的必修課程。這一年，杜正勝在《當代》雜誌
（第 120 期）發表〈一個新史觀的誕生〉一文。高中部分則從

1995 年教育部公布的「高中歷史課程標準」，並將高一本國史分為「中國史上冊」、「台灣史下冊」。「台灣中國，一邊一史」的結構雖然已經開始形成，但是還是沒有改變先教中國史、再教台灣史的時序脈絡。

接續李登輝的是陳水扁。陳水扁政府成立後，進一步著手將這套《認識台灣》課程編入正式歷史課綱的工作。由於陳水扁在統獨立場上鮮明，社會力量容易聚集。在國民黨與學者透過媒體經常表達聲明，所以推動過程並不順利，一直到黃榮村擔任教育部長後，才開始啟動後來稱之為「九五暫綱」（「九五」指民國 95 年，即 2006 年）的修訂工作，並依照杜正勝的「同心圓史觀」做為歷史課綱的指導原則。

「九五暫綱」初稿出爐後，社會又有反彈，黃榮村先生非常遲疑，課綱遲遲未能上路。2004 年陳水扁連任，扁政府改組，當時行政院長游錫堃乾脆將黃榮村換掉，直接改以杜正勝擔任教育部長，並強力貫徹此一課綱。在杜正勝蠻橫地堅持下，由於社會上並沒有一股由政黨堅持的力量反擊，社會的反彈力量顯得異常脆弱。

按照教育部的慣例，課綱十年修正一次，前一次的課綱修訂是民國 88 年（1999 年），所以 2004 年修訂的「九五暫綱」只能稱為「暫綱」。而依照慣例，98 年（2009 年）應該要有新課綱產生，於是在 2006 年，扁政府就開始了「九八課綱」的修訂工作。依照該項課綱的歷史課綱，就是一部完整的「去中國化」的「一邊一國」、「一邊一史」的課綱。

其中九年一貫的課綱修訂完成後，就在扁政府卸任之前，以迅雷不及掩耳的方式，由杜正勝公告。當時對高中課綱原本

也要比照辦理，但手續稍微晚了一點，沒能來得及上路，扁政府就卸任了。

2008 年 5 月 20 日馬政府上台，才上任四天，因為九年一貫課綱已在稍早公告，所以當時馬政府的教育部鄭瑞城部長，胡裡胡塗地就宣布九年一貫課程將正式實施。當時社會並沒有注意到這件事，大家都還沉醉在對新政府的期待中，以為它一定會「撥亂反正」。萬萬沒想到，這個時候，馬政府已經為扁政府的「一邊一國」課綱背書了。

隨後，因為高中的「九八課綱」也實施在即，教育部必須儘速完成法定程序，鄭瑞城原本要將扁政府時修訂的「九八課綱」原封不動地推出。此時引起了我們一些關心歷史教科書朋友們的注意。當時兩岸統合學會的朋友串聯了一些人，經過了兩三個月的努力，終於迫使鄭瑞城暫不公布國文和歷史兩個課綱，並重新修訂。當時鄭瑞城保證會在半年內完成該項工作。

但是從 2008 年 11 月鄭瑞城部長宣布重修文史課綱後，歷經四個月卻沒有組成課綱小組。後來在各方壓力下，被迫組成了小組，但多數成員仍然都是扁政府時代課綱小組的原班人馬，後來加入小組的王曉波教授，反而是綠叢中的一點異數。

在這樣的人事結構下，整個 2009 年可謂是除了吵鬧以外，一事無成。王曉波使盡技巧，想辦法拖住決議，以免整個課綱仍照原來「九八課綱」的內容通過。

師範大學歷史學系王仲孚教授是如何看待原本的「九八課綱」。2009 年 2 月 13 日，王教授在出席監察院諮詢會議時稱，「九八課綱」已經違背了憲法精神。他說：「歷史課綱把數千年中國歷史濃縮成一冊，課時僅有一學期每週二節而已，更為嚴重。中國史的課時，還不如英國殖民地時代的香港高中，也

不如馬來西亞的華文中學。其他具體事例不勝枚舉。例如：台灣史『日據時期』（硬性規定必須用『日治時期』）需用日本天皇紀年；中國史不僅大砍課時，且行文不准使用『我國』；武昌起義必須改為中性名詞『起事』；強調 1943 年『開羅會議』無效，台灣地位未定。凡此，皆背離國家立場與主體性，也違反憲法精神。嚴格地說，這是違憲的課綱亦不為過。」

直到 2010 年，吳清基部長改聘了一些立場公正的學者，稍微平衡了人事結構後，小組才終於有了一些進度。

即使如此，還是經過了好幾個月，直到 2010 年的下半年，才終於完成整個修訂工作，端出了我們現在看到的課綱版本。但是，很不幸的，整個課綱只在一些枝節問題上做了修正，修正的部分包括：(1)王曉波堅持加入一些史料，來證明中國在三國時代就已經發現了台灣；(2)王曉波也堅持在寫日本殖民時期的歷史時，要加入更多台灣同胞抗日的敘述等；(3)王曉波也要求在課綱中註明，中國史在 1949 年之後之所以只寫中共的歷史，是因為中華民國的部分，已經寫在了台灣史之中了；(4)去除「台灣地位未定論」的論述，確定台灣屬於中華民國；(5)把「中國史」課時增加為一個半學期。

這樣的修正看起來有些進展，但是放在歷史結構的脈絡中是沒有什麼意義的。我們肯定王曉波在課綱委員會的努力，但是兩岸統合學會秘書長謝大寧教授多次提醒王曉波這個核心問題，但是王曉波似乎沒有察覺到這個關鍵的嚴重性。修正後的課綱，即馬上任以來的第一份課綱，並沒有真正動搖原本「一邊一國」、「一邊一史」，以同心圓精神來撰寫的殖民史觀。

舉例來說，前面說的第三點，在課綱裡有註明為什麼「中

「國史」中不講 1949 年後的中華民國，在實際的教學上其實是沒有意義的。課綱中即使有這樣的「註明」，但是在編寫教科書的實質內容時，是不會把這個「註明」寫進去的。所以學生讀到的教科書，仍然是清楚的「一邊一國」架構。另外，筆者後來看到依據新課綱教科書所撰寫的書本時，卻發現並沒有多少課本有三國時代已經發現了台灣的介紹，也沒有寫多少抗日的偉大事蹟。原因在哪裡？這種見樹不見林的修改方式，因為審查教科書的又是一批人。

整體而言，馬政府對原來「九八課綱」的修訂，並不認真，王曉波所建議的修改只是觸及歷史的細節問題，而沒有調整原有的殖民史觀與同心圓理論的順序脈絡。王曉波他自己也承認是只有做到「撥亂」，而無法「反正」。

經過了上面這一冗長的過程，歷史課綱一直到 2011 年上半年才終於完成了全部程序，公告實施。然而隨著總統選舉的展開，在勝選的考量下，國民黨也避免碰這個問題，我們對於教科書的批評，得不到社會的重視，在擔心馬英九選情的考量下，大多數人選擇了暫時停止批評，一切等待馬當選再說。

馬英九贏得了選舉，但是新的「九八課綱」也即將於今年 9 月份正式上路。結果會是如何？依照王曉波引述郝柏村前院長的看法，他看了他孫女的教科書以後，說了一句：「我不成了亡國之人了嗎？」

我們就來看看這個即將上路的歷史教科書課綱是如何書寫。

教科書書寫方式：將中國史視為「他者」的歷史

　　新的歷史教科書課綱的脈絡結構是以台灣－中國－世界的順序書寫，即先講「台灣史」，再講「中國史」，最後講「世界史」。將台灣放在世界與東亞，而不是放在以往為「本國史」，現在稱之為「中國史」的脈絡中來書寫。

　　「台灣史」課程分為四個單元，分別為「早期台灣」、「清朝統治時期」、「日本統治時期」、「中華民國時期：當代台灣」四個單元。「早期台灣」又分為「十六世紀中葉以前的台灣與原住民」、「國際競逐時期」、「鄭氏統治時期」。

　　「十六世紀中葉以前的台灣與原住民」的大綱重點放在「考古發掘與文獻記載」與「台灣的原住民」。課本實質內容包括「說明台灣的地理環境和考古發掘所呈現的史前文化。探討台、澎早期歷史的文獻記錄。介紹南島語族的概況：利用文字記錄、人類學與歷史學的研究成果，簡介原住民社會與文化及其對漢人的影響」。

　　同心圓理論將原住民與南島語系視為根源的起點，一個新「我者」的起點。代表著教科書用「地理疆界」來看待民族的源起。「原住民」自此成為新國族建構的工具，並以「共同被壓迫者」的身分進入台灣民族的族譜中。

　　依照《中華民國憲法》158 條：「教育文化，應發展國民之民族精神」。這段條文內所稱的「民族精神」，應該不是以

「原住民社會與文化及對漢人的影響」開始。但是歷史教科書
很明確地將「台灣史」的源頭拉到「南島語族」,從而為未來
所有來這塊土地上的「外來政權」記述其歷史。

在介紹「十六世紀中葉以前的台灣與原住民」後,接著的
就是進入「國際競逐時期」,重點包括以歐洲史觀為基礎的「大
航海時代」與「荷西治台」。「大航海」是歐洲殖民的載體。
如果從中華民族的史觀來看,占據台灣南部的荷蘭東印度公司
與短暫占領北部的西班牙都是殖民國基於本身利益在台灣的
剝削,但是在「早期台灣史」部分,都是用「中性」的表述,
將荷蘭與西班牙都放在與明鄭、清朝同等的地位,與「鄭氏統
治時期」、「清朝統治時期」一樣,都是對台灣進行他們的「治
理」工作。

同樣的,教科書也是用「日治」,而非「日據」或「日殖」
來陳述日本人在台灣的作為。卻稱清朝治理台灣時期為「清領」
(清朝占領)。在歷史的脈絡上,「當代台灣的中華民國」是
延續「日治」,而非是延續「1949 年以前的中華民國」。

對於一個被殖民者而言,所有的外來政權在本質上都是大
同小異,因此,被殖民者會基於他的需要而重新詮釋外來政權
的功過。在這樣的思維下,荷蘭可以是幫助台灣進入東亞貿易
中心的政權。日本是個幫助台灣走向現代化、工業化的政權,
而國民政府則是迫害台灣人民,還造成二二八事件的政權。

對於一個以殖民史觀為基礎的「台灣史」,直接把台灣歷
史與東亞歷史或世界歷史接軌,因此,台灣不再是中國的台
灣,而是世界的台灣。台灣人自然已經不再是中國人,最多只
是華裔或華人而已。原來的「他者」,包括日本在內,現在卻
已成為「我者」過去的一部分。這也可以解釋,為何曾經被日

本殖民的國家對日本殖民事蹟仍存有憎惡，在台灣卻受到推崇的原因之一。從 2011 年 5 月 7 日馬英九高調出席日人八田與一紀念園區在烏山頭啟用，並感念他為台灣水利做出貢獻的場景，我們更可以明瞭台灣史觀的影響力。

「同心圓理論」清楚地陳述其「被殖民史觀」。依照「台灣史」教材的順序，在原住民以後，荷蘭、明鄭、清、日本，乃至國民黨都是一個「外來政權」，台灣是個被殖民者。加上了「我者」必要的「民主」與「自由」兩個因素後，只有全面民主化，不論是 1992 年的國會全面改選，還是 1996 年的總統直選，台灣才有了真正的本土政權。

在同心圓理論與殖民史觀的脈絡裡，1945 年以後來到台灣接收的國民政府，由於沒有得到台灣人民的合法授權，他們其實只是一個流亡政府。民進黨的蔡英文不就是持這樣的看法嗎？

我們再來看看「中國史」的書寫方式。「中國史」分為六個單元，依序分別為：「先秦時代」、「秦漢至隋唐」、「宋、元、明與盛清」、「晚清的變局」、「中華民國的建立與發展」、「當代中國與台海兩岸關係」。

前面四個單元不討論。第五單元「中華民國的建立與發展」分為「中華民國的創建與民初政局」、「統一建國與抗戰」、「戰後復員與國共內戰」、「社會經濟與文化」四個部分，其時間從 1912 年推翻滿清到 1949 年國民政府遷台。

接下來就是第六單元的「當代中國與台海兩岸關係」。這一部分介紹的是「中共黨國體制的建立和發展」、「改革開放後的發展」、「中共外交政策和海峽兩岸關係的演變」。

　　在這樣的書寫脈絡裡，1949 年以前的中華民國是放在「中國史」，中華民國與中國兩者均是「我者」。1949 年以後是放在「台灣史」。這表示 1949 年以後的中華民國已經不屬於「中國史」，而屬於「台灣史」，中華民國不僅與中共是「他者」，與中國也是「他者」的關係。史觀上的「一中一台」因而成形。

　　就史觀來說，新的歷史課綱已經違反了憲法，這與兩蔣時期的立場是完全相左的。這也等於自我放棄了中國的正統地位與話語權，自我否定了 1971 年以前在聯合國維護席位、與北京爭奪正統的作為。

　　中華民國的憲法仍為「一中憲法」，主權涵蓋全中國，《國統綱領》也是如此表示，兩岸在 1992 年建立的互信，後來稱之為「九二共識」中，台北方面也對北京做了如此的表述。但是在新的歷史教科書看來，這些都已經不算數了。雖然仍然是援用中華民國這個國號，但是它的本質早已改變，他的國名沒有亡，可是國史已經消失了。不只是中國從「我者」變成「他者」，1949 年以前的中華民國也從「我者」變成「他者」了。中華民國已經自我異化了。

結語：兩岸共同努力導正異化的史觀與認同

　　一般沒有受過政治學概念的人，很難區分「主權」與「治權」的差別。「主權」其實是一種「所有權」，「治權」則是一種「管理權」的概念。台灣在歷史教育與政治人物的話語中，

刻意將這兩者混淆，以致於「我者」也變成「他者」了。北京將「所有權」獨占的做法，也造成台北逃離而尋求「他者」自我定位的結果。

兩岸分治是內戰的遺產，雙方均堅持全中國的「所有權」，但是「管理權」目前確實由雙方各自管理。依照中華民國的憲法，主權涵蓋全中國。換句話說，中華民國迄今對於全中國仍有「所有權」，只是目前的「管理權」在台澎金馬。如果依照現有歷史教科書的書寫方式，1949 年以後的中華民國不再屬於中國史，那麼目前在台北故宮博物院的文物可以返還給中國大陸了，因為那只是屬於 1949 年前的中華民國，不是現在的中華民國的文物了。

同一件事，不同的參與者會有不同的記憶與詮釋方式。在台灣，「台灣史」還是放在「殖民史觀」為基礎的脈絡中書寫與論述，因此，如何爭取或證明自己是個主權獨立的國家變得很重要。在大陸，由於迄今仍然沒有承認中華民國政府存在的事實，很難喚起台灣人民兩者均為「我者」的認同，這也給了台灣政治人物創造異化史觀與認同的空間及機會。

1949 年以後，在台灣的國民政府視中共為「他者」，但是視中國為「我者」。李登輝以後的台灣，視中共與中國均為「他者」。李登輝用「新台灣人」、「台灣主體性」來撫平他內心那段「生為台灣人的悲哀」的歷史，用「民主」、「自由」喚起台灣人的驕傲。不過，他的智慧與格局也只停留在用「一個打壓台灣的他者」、「一個不民主的他者」來強化台灣「我者」的自我認同。

李登輝或許認為他成功地異化了台灣的國族認同，但是他

應該更清楚地知道，這個異化認同背後的代價必然是永遠依附美國，以及可能的潛在衝突風險。

如何解開這個異化的局，兩岸政府均應該做些努力。

台北方面，在歷史教育方面，應該清楚地回到中華民族的史觀，而不是一昧地將台灣從中國歷史中抽離。馬政府目前可以做的，就是儘快修正現有教科書的史觀論述。由於今年 9 月上路在即，恐已無時間全面修訂，我們建議：在現有的教科書基礎上，不要再區分「台灣史」與「中國史」，而統以「本國史」稱之。在教學順序上，將先教「台灣史」後教「中國史」，調整為先教原先的「中國史」，再教「台灣史」，以還原正確的歷史書寫方式；第三，將原先「中國史」的「當代中國與台海兩岸關係」（即 1949 年以後的中國史），增加中華民國的政治發展，而不只是僅介紹中共的發展而已。至於 1949 以後中華民國在台灣的社會、經濟方面歷史，則可以放在原有的「台灣史」中講授。我們估計，這樣的做法只要再開一、兩次課程委員會就可以確定了。動一手而利天下，馬政府何樂不為？

在政治論述方面，台北要清楚地分清「主權」與「治權」概念的差別，兩岸在「管理權」上可以暫時是「他者」關係，但是在「所有權」上，兩岸是一體，這其實也是台灣的資產，也是台灣的權利。

北京方面，也應明瞭到國族認同必然還是要仰賴文化的支撐，近年來中國大陸在文化上加緊傳統中華文化的深化，這是一件極好的事情。對於同樣中華文化的記憶與擁有，將有助於未來兩岸在史觀上的再融合。另外，「民主」與「自由」一直是台灣在建構「新國族認同」中的一個重要環節。北京可以在現有的政治改革中繼續前進，政治社會愈開放，台灣「新國族

建構」的需要就愈為減弱。

　　強化兩岸現有的交流是必然應該走的道路，但是如何在文化交流上，將兩岸不同的史觀匯流，讓兩岸有著共同的歷史脈絡，看來是首要之務。

　　舉一個例子，兩岸統合學會去年嘗試在這一方面做了些微薄的努力，我們拍了一部《百年中國：迷悟之間》的紀錄片。這部將兩岸放在中華民族共同或分別追求現代化的歷史脈絡中來講百年來的中華民族的故事，既不是站在「我善他惡」的國共「內戰史觀」，也不是立足於「當家作主是唯一真理」的「殖民史觀」來陳述過去。從我在台灣二十多所大學放映演講的經驗來看，這樣的史觀是可以得到絕大多數青年支持的。

　　沒有一個清晰的兩岸政治定位論述，現有已經異化的史觀與認同幾乎難以回歸正常。兩岸政府與菁英必須為兩岸和平發展時期思考一個可以兼顧北京與台北政治立場的主張：即使兩岸在「治權」方面仍是「他者」關係，但是在整個中國主權、中國歷史上，兩岸應該共為「我者」關係，並在主權共為「我者」的基礎上，讓「治權」的「他者」關係，逐漸向「我者」關係靠攏。

　　「一中三憲、兩岸統合」主張裡，「一中三憲」就是這種「我者」與「他者」關係的並存與融合設計，「兩岸統合」更是兩岸從「他者」到「我者」的統合過程。曾經提過的「文字趨同化」、「華元」、「中華卡」、「平等不對稱的國際參與」、「兩岸三席」、「安全互信機制」、相關議題的共同政策或「共同體」都是值得去探索與實踐的課題。

　　要修正台灣現有的異化認同與史觀，還有太多的事可以

做。由於篇幅有限，本文就不再繼續。目前我只有一個憂慮，如果這個趨勢繼續異化下去，兩岸變成了完完全全的異己關係時，結果會是如何？希望有識之士，一起大聲呼籲與努力。

對開啟和平協議本質的認識

和平協議內涵的討論

馬政府態度的轉變：《台灣關係法》與史觀的影響

所有和平協議都是脆弱：需要簽定雙方共同維護

不要把和平協議異化：和平協議有其特有定義

和平協議必然以現狀為基礎：符合主權、治權與權力的現狀

和平不應等待而是追求：愈早簽對雙方愈有利

和平協議內涵的討論

　　沒有人會否認兩岸和平協議的重要，但是目前的兩岸現況卻是：一方面交流頻繁，從來往的人員與經貿數量與頻率來看，看不出兩岸還處於政治敵對的狀態；另一方面雙方均主張和平發展，但是在政治上兩岸仍處非和解狀態，有關和平協議的討論卻遲遲沒有開始。

　　2012 年 2 月 25 日參與了《中國評論》以「兩岸如何開啟和平協議進程」為題的思想者論壇。參與者除了本人以外尚有前政治大學校長張京育教授、亞太和平研究基金會董事長趙春山教授、台灣大學副校長包宗和教授、中央研究院歐美研究所林正義研究員等。與會者均為長期關注兩岸關係的學者，他們的意見可以代表大多數知識菁英的看法。

　　做為代表政府立場的智庫，趙春山教授在會上首先反映出政府的立場，即不主張目前處理和平協議的情事，但是也不反對和平協議。趙董事長稱，應從兩岸和解制度化的概念來看和平協議的性質和定位。他認為現階段談和平協議，重點應放在和平，而非協議。他並認為兩岸現在已簽的每個協議都可視為「廣義的和平協議」，都是和解制度化的一部分；但是他也同意，兩岸必須建立和平解決爭端的共識，並透過規範和機制來排除任何足以產生武裝衝突的危險因素。

　　趙春山說，從當初「連胡會」建立的和平協議願景，隨後被國民黨列入政策綱領，到最後成為馬英九競選政見的一部分，都說明馬政府有與大陸商簽和平協議的意願，沒有排除最

終簽訂和平協議的可能性,但現階段兩岸執政當局應先各自凝
聚內部共識,並且共同營造有利的外部環境;同時鼓勵學界和
民間社會進行二軌、三軌的研究和對話。

趙春山的立場談話引發了不同的看法。張京育校長認為,
所謂和平協議當然具有很高的政治性意義,而不是一般正常情
況下簽署的具體的事務性、功能性協議(即廣義的和平協議),
否則就不必到這個會上來討論了。張京育說,雖然所有的事務
性、功能性協議都跟和平有關,並且可能為狹義的和平協議鋪
墊基礎,但事務性協議與政治性的和平協議完全不同。

張京育說,未來兩年,台灣沒有重大的選舉,是認真思考
開啟政治性和平協議進程的機會之窗;如果這個時間沒有把握
好,2014 年以後台灣又開始有選舉,困難會更大。張京育認
為,其實兩岸事務性、功能性協商與和平協議進程的探討,可
以同時進行。如果兩岸都抱持一個美好的願望進行這方面意見
的討論,希望能夠建構和鞏固兩岸之間長遠的和平,也許探討
兩岸和平協議的敏感度就不會那麼大。

張京育說,兩岸政府什麼時候要做什麼事,是政府要決定
的事情,也許現在沒有開啟一軌談判的條件,但二軌、三軌的
交流溝通應該大膽進行,兩岸人民都應該關心兩岸和平的事
情。兩岸人民去談和平的事情,去想和平的事情,不是什麼離
經叛道之事,也不是需要政府授權才可以做的事。

曾經擔任過國安會諮詢委員的林正義研究員將「和平協
議」的重點放在創造非武的和平功能上。他認為,不武制度化
是和平協議的重要內容,和平協議就是一般所理解的不武制度
化,和平協議有其特定內涵,不應是一種「廣義」,而當然是

一種「狹義」的性質，更何況，這幾年來台灣專家學者提出過多個不同版本的和平協議，這些版本都是狹義的和平協議。

林正義並稱，現在所談的和平協議，其性質應該是一個「中程協議」，是兩岸一個過渡性、階段性協議，而不是一個終局性協議，也不是一個統一的協議。林正義這樣的看法，得到大家的普遍認同。所謂「和平協議」等同於「統一協議」，只是少部分人基於政治需要，而創造出來的想法而已。

林正義認為，馬英九成功連任，有助於兩岸開啟和平協議進程。其實在台灣內部，國民黨和民進黨在「不武」上是有共識的，在「不統」上也有共識；台灣的各種民意調查結果也顯示，台灣多數民眾是支持二軌或一點五軌，或一軌去討論兩岸和平協議的議題，但在實際政治操作上，還有很多問題有待克服。

包宗和副校長也認為，現在所談的和平協議應該是狹義的和平協議。兩岸之間雖然有很多的歧見，但兩岸現在談和平協議面臨的最大的困難或挑戰，主要是台灣內部的問題，如果台灣內部沒有最基本的共識，開啟和平協議進程有相當的難度。因此，最重要的是台灣內部的共識，其次是兩岸之間的共識，第三是台美之間的共識，第四是中國大陸和美國之間的共識。不管台灣和大陸喜歡不喜歡，美國因素都是一個不可忽略的因素。

包宗和認為，未來四年，兩岸政府之間（一軌）不太可能進行和平協議談判，但二、三軌可以充分地進行意見交流和溝通；承認現狀，把現狀制度化是和平協議的重要內容。

對於時機問題，包宗和說，從定位上來看，由於和平協議是階段性的，是階段性的現狀的承認，所以，任何使得雙方面

對於目前對方的政治現狀最有可能接受的那個時間，就是一個
適當的時機。

基本上，我完全同意和平協議應有其特有的內涵，我們可
以認為目前每一個已經簽署的協議均為未來和平協議的基
礎，但是不能說它們也是和平協議的一部分，或者集未來協議
之大成即為和平協議。

另外，目前所簽署的協議，均為事務性質，並刻意不要碰
觸兩岸最在意的「一個中國」內涵問題。缺少政治意涵的事務
性協議，即使再多也不能當作是和平協議來看。

馬政府態度的轉變：《台灣關係法》與 史觀的影響

先回應趙春山先生的一些看法，談幾個概念的問題。首
先，國際關係的研究目的之一是為探索世界和平之路。所以，
國際關係的理論，無論是現實主義、新自由主義或是社會建構
主義，都提出了一些如何走向和平的方法。通往和平的路徑可
能不同，但彼此的目的和結果都一樣：現實主義者主張透過權
力平衡的安排走向和平；新自由主義者希望透過制度性的交流
走向和平；社會建構主義者期望透過彼此產生共同的認同感而
走向和平。

所以，當前我們應該思考的是，哪一種路徑最符合台灣的
需要，也最符合兩岸的需要，從這個角度來思考時，才會有一
個所謂的和平協議的概念出現。如果把和平協議變成剛剛這樣

去解釋的話,那就如同主持人張校長所談的,可能就不需要考慮要不要和平協議了,畢竟,我們不能說政府現在所做的事不是為了和平,但是是否需要一個和平協議應該是另外一個問題。

　　其次,做為一個觀察者,我比較好奇的是,馬英九在2008年競選的時候,很明確地將兩岸和平協議,以及軍事互信機制列為競選政見,但是,大概從2009年初以後,這個觀念就已經開始改變了,基本上就不再提兩岸和平協議,也不再提軍事互信機制了。

　　為什麼會發生這種轉變,原因當然很多。其中一個重要的原因,應該是馬英九面臨到在與美國的《台灣關係法》以及與大陸的「兩岸和平協議」兩者之中必須面臨一個選擇。或許他得到暗示,如果有了「兩岸和平協議」,那麼為了維護台灣安全而存在的《台灣關係法》就沒有繼續存在的必要,軍售也沒有必要。馬英九政府或許認為,透過《台灣關係法》維持台灣的安全以及兩岸的和平,遠比透過「兩岸和平協議」來促進兩岸和平更有保障。

　　當台灣將「安全」視為首要考量時,美國的重要性就遠大於大陸了。當時擔任國安會秘書長的蘇起先生就提出「親美、和陸、友日」的說法。對美國要「親」,對大陸只是要「和」。「親」與「和」兩個字所代表的優先順序應該已經很清楚。在《台灣關係法》與「兩岸和平協議」的比較中,如果把《台灣關係法》當作一個主軸來思考的話,那麼「兩岸和平協議」就顯得不是這麼迫切需要了。

　　政府不會說不需要和平協議,但是透過重新詮釋什麼是「和平協議」的方法來傳達其立場。例如我們是要和平協議還

是協議和平？依照趙春山的看法，把和平協議這個概念，分成和平與協議兩個概念，「和平」是目的，「協議」是手段。然後再延伸：既然協議的目的是為了和平，那麼又何必拘泥於一個制式的「和平協議」呢？只要用各種的方式去促進和平就可以了。如果依照趙春山這樣的推論，有關是否要簽署「和平協議」的討論可以暫時休矣！

在這樣的脈絡下，慢慢發展出另外一種論述，比如說我們要先經後政，或者剛剛講的廣義的和平協議，或者是協議和平、把不武制度化等。這些將傳統「和平協議」異化的做法，或許目的只有一個，就是不想討論「兩岸和平協議」。

另外，台灣的歷史教科書目前引用的是殖民史觀，並把台灣史變成我們的國史。換言之，台灣方面這四年來所做的事情，並沒有真正的維持現狀，而是偏離現狀，在整個論述方面不斷強調主權獨立，史觀方面越來越走向一個獨台史觀。我必須講，馬對自己的歷史定位，已經不包括所謂的兩岸和平協議。簡單來說，馬英九提出的十大保證，還有在選舉期間提出的「公投說」已經表明，馬幾乎已無意在未來四年簽所謂的和平協議，而所謂的廣義的和平協議的講法，也自然可以看成是拒絕所謂狹義的和平協議的說詞而已。

所有和平協議都是脆弱：需要簽定雙方共同維護

趙春山在講到和平與協議的關係，並特別引用民進黨的看

法說，和平協議可能還是很脆弱的。我想任何人都不會天真的認為只要有了「和平協議」就會天下太平。

和平協議如果要能夠發揮永久和平的功能，它必須包括兩個很重要的內涵：(1)和平協議是以比較公平的方式簽定，也就是簽署時充分顧及到了彼此的核心原則；(2)和平協議要大家共同維護，而要維護一個和平其實是非常不容易。

面對和平協議時，不可以有「反正協議都是脆弱的，所以簽不簽協議不重要」的心態，也不可以認為條件成熟後，和平就會水到渠成、自然到來。我的看法是：(1)和平是需要努力去創造，而非等待；(2)即使將來有了和平協議，還是要大家努力維護；(3)也是最重要的，即我們是否應該去思索兩岸彼此最核心、最在乎的核心原則是什麼？也就是「和平協議」本身的性質與兩岸的定位是什麼？

不要把和平協議異化：和平協議有其特有定義

在討論問題時，必須先要對相關問題有一個共同的定義。以和平協議來說，如果從國際關係來看，基本上就是和平條約，也就是敵對雙方簽署的一種約定，主要是用來正式結束戰爭或武裝衝突，而簽署者都是雙方面的政府。當這個條約簽完以後，雙方的敵對狀態就會結束，而且期待雙方的關係能夠持續的和平發展。這種和平協議或和平條約，基本上並不是一種獨立或統一的合併條約。

當我們談兩岸和平協議的時候，首先必須明確它的性質和

定位。就國際社會來講，這種和平協議，大概是處理下列幾個問題：一是領土，二是主權，三是治權，也就是對主權、治權和領土問題作一些安排。

所以，我不贊成和平協議還有廣義和狹義之分，如果是廣義的解釋，那就沒有討論意義了。我贊同近幾年來兩岸在經貿人員交流的努力。兩岸的大交流及其成果，為未來的和平協議累積了非常好的互信基礎，這種交流將來還要繼續深化。但是，未來要有「難易並進」、「政經並行」的做法，易的部分就是繼續推動經濟文化交流，難的部分就是推動兩岸和平協議，兩者同時並進，相互聲援，而不是一定要等到經濟文化交流累積到某個程度，再來推兩岸和平協議。

談到和平協議的時候，應該回到傳統上的定義。如果把和平協議說成為了和平所簽的協議，包括兩岸之間交流是和平，經貿交流是和平，文化交流也是和平，但其實真正的和平問題都沒有解決，就是主權、治權、兩岸定位的問題都沒有解決。在兩岸定位問題沒有解決的情況下，其實其他所有東西都是非常脆弱的，也是高度不信任的。

所以，從這個角度來看，「不武制度化」當然是兩岸和平協議的一環，但關鍵在於，我們怎麼樣達到不武，以及雙方面為什麼要不武？如果要達到「不武」，兩岸一定要在主權和治權上有相當的認識，有共同的表述，即我主張的「一中同表」。只有在這樣的基礎下才有可能達到不武的制度化。如何達到「不武」，即是和平協議要解決的問題。現在兩岸已簽的各種協議均無法滿足「不武」的條件，因為「不武」涉及主權與領土等最重要的概念。

　　馬政府從 2008 年主張簽署和平協議，目前卻對和平協議
的定義有了不同的註解。如果像趙春山為和平協議所做的定
義，那麼和平協議還可以加個變成複數的「s」。如果是這樣
的話，其實也就不需要「和平協議」了。如此將「和平協議」
的定義「散化」，似乎也在傳達一個訊息，即政府避免未來四
年進入兩岸和平協議的政治進程。

　　兩岸現在所簽的十六項協議有一個共同點，即兩岸均認為
這些是事務性協商，儘量不去碰觸「一個中國」定義，也不去
碰觸任何政治的議題。因此，這樣的事務性協商，簽了再多的
協議，也沒有辦法跨越到政治性議題。可是很明確的，在將來
的政治性對話或者和平協議中，最困難處理的就是兩岸政治定
位的問題，就是我剛才講的主權跟治權的問題。

　　我不是反對兩岸經濟文化交流繼續往前走，但希望大家不
要認為這樣的經濟文化交流一定會水到渠成以解決兩岸政治
性的困難，因為這是兩個完全不同的概念，經濟文化交流有助
於兩岸未來的政治性交流，但是不能取代或自然溢出（spill
over）過渡到政治性交流。讓人質疑的是，馬政府開始創造出
很多說辭或定義，包括廣義的和平協議等，好像只是為了不想
進行和平協議的對話與談判。

和平協議必然以現狀為基礎：符合主權、治權與權力的現狀

　　那麼怎麼樣來理解兩岸的現狀呢？我的看法是，兩岸的現
狀包括三個很重要的東西：(1)在主權的方面，目前兩岸的現

狀是，憲法都主張主權涵蓋全中國，主權的宣示方面是重疊的；(2)在治權方面，兩岸都是一個憲政秩序的主體；(3)在對外權力方面，的確是不對稱的。所以在討論兩岸和平現狀的時候，必須站在這三個基礎之上，把它給確定化。但是，現在問題來了，目前台灣的整個主流論述，在第一點方面已遠遠開始拋離。

比如說，我們講「九二共識」，其實 1992 年的共識包括三個非常重要的原則：其一是兩岸都堅持一個中國的原則；其二是兩岸都謀求國家的統一；第三方面兩岸有歧異，即北京方面主張，由於是進行事務性協商，因此「一中不表」，台北方面則主張「一中各表」，即「一個中國的涵義各自表述」。依照《中華民國憲法》，主權涵蓋全中國，但是現在馬政府的論述，已經變成中華民國是一個主權獨立的國家，獨立於誰呢？當然不會獨立於美國、日本之外，因為沒有意義，講這樣的話，其實隱含的主權獨立，就是獨立於中國大陸之外。

這四年來陸委會所作的形象廣告，都是在強調要堅持中華民國的主權獨立，強調兩岸交流不會損害到中華民國主權獨立。這種一方面說主權涵蓋全中國，一方面又說獨立於中國大陸之外的論述，其實在某種概念上已經偏離這個所謂的現狀。如果要固定的是這樣說法的現狀，北京當然不願意。

「主權獨立」的說法，基本上是違憲的，這樣的論述其實已經違反了真正的「現狀」，已經不是在維持現狀，而是在破壞現狀。我並不反對兩岸和平協議就是要把目前的現狀加以鞏固的說法，但是這個現狀之一，不僅包括治權分立，也包括兩岸主權為一整體。

和平不應等待而是追求：愈早簽對雙方愈有利

有關開啟兩岸和平協議的時機問題。宋朝的慧開禪師曾詠詩：「春有百花秋有月，夏有涼風冬有雪，若無閒事掛心頭，便是人間好時節。」什麼是開啟兩岸和平協議的好時機？我覺得如果大家都有意願的話，時時都是好時，日日都是好日。如果大家認為和平協議能夠給大家帶來和平的話，不應該立刻劍及履及的追求嗎？

因此，之所以現在不願意討論和平協議，關鍵在於還沒有想好和平協議的內容，而不是和平協議的時機。

強調和平協議的時機，往往是因為我們還沒有想出更好的方法，或者懷疑對方，或者還沒有找到更好的內容，從而認為這樣簽對我們不利，或者我們內部的條件不適合。

和平協議往往是戰爭以後所簽的一個協定，用協定的方式來尊重戰爭以後的結果，就是把這種結果固定化，這樣大家才能夠走得更遠。因此，從來沒有一個國家用公投來處理這種和平協議，因為它是一個衝突以後的結果，是彼此之間妥協的結果。台灣現在強調公投，其實是一種民粹的顯現。

開啟兩岸和平協議進程，時時都是好時，日日都是好日，沒有所謂的一定要等待什麼「先經後政」的，其中的關鍵在於，兩岸有無想清楚理想的和平協議內容是什麼。我的看法是，一個能夠充分反映現狀（主權共有不可分割、憲政治權分立）的「兩岸和平協議」才是可行，愈早簽定和平協議對雙方愈有利。

近年中國大陸對台灣還有足夠的友善，也願意平等協商，且兩岸經貿的相互依賴還處於相對互利的狀況下，台灣如能儘早進入政治協商，也較易尋求一個好的兩岸政治定位，讓兩岸在一個長久的和平發展基礎之上能夠為整個中華民族創造雙贏。這也是我的期許。

德國統一經驗的反思

他山之石：對「一德各表」深入探討

東西德制憲均不忘統一：「一族一國」的共同立場

東德第一次大轉向：走向兩國論

西德的堅持：一個德國與民族自決

東德的策略：推出中立邦聯的主張

西德統一政策的調整：東西德是「一德兩國」內的特殊關係

「德國」仍然存在：「一德兩國」與「一族兩國」的差異

東德第二次大轉向：推動兩族論

「一德各表」的《基礎條約》的功過：不能確定

德國經驗的啟發：「一中同表」才是正道

他山之石：對「一德各表」深入探討

2010 年 10 月 3 日，是德國統一二十週年的日子。在德國統一二十年後的今天，我們可以認真思考一個問題，即德國統一經驗可以為兩岸帶來什麼樣的經驗與啟發。

德國問題有非常多的層面可以探討，本文希望從可以為兩岸借鏡相關的地方著手。特別是兩岸目前所熟悉、也無法釐清的「一個中國」與「一中各表」。這個在德國問題上或許可以稱之為「一個德國」、「一德各表」的主張，在德國問題中扮演什麼樣的角色？東西德又是如何看待這兩個概念，它們在德國統一過程中扮演了什麼樣的功能，或者可能產生什麼樣的阻礙？它們有無可能應用在兩岸關係？我們應該如何取長捨短，以為兩岸所用。

西德在推動統一過程中，有哪些是不變的核心信念？東德又是如何因應西德的政策？在德國問題中也出現過「漢賊不兩立」的政策，也有東德為了在法理上與西德做徹底切割，提出從「一族一國論」到「一族兩國論」，再到「兩族兩國論」的各種論述，並在法理上落實。兩岸可以從這些論述中得到哪些啟示？

在進入本文以前，先確定三個名詞的定義，一個是戰後成立的德意志聯邦共和國，本文簡稱西德；一個是德意志民主共和國，本文簡稱東德；第三個，也就是以 1937 年疆界為基準的德意志帝國，在本文中簡稱德國，也指未來再統一的德國。這個定義並非作者為寫作而方便的創見，而是出現在

東西德官方法律或文件的說法，正確名稱為「整個德國」
（Gesamtdeutschland）。

東西德制憲均不忘統一：「一族一國」的共同立場

1945 年二戰結束，德國戰敗，領土被四強占領，1949 年東西德分別制憲，在西德稱之為基本法，在東德通過的是憲法。成立後的東西德均符合國家組成客觀條件，東西方集團分別給予國家承認。東西德在制憲時均是堅持「一族一國」的立場，追求統一是絕對目標。

西德所以用基本法為名稱，其目的彰顯其僅是過渡性。將首都選在小鎮波昂，也是希望凸顯未來的首都應該在柏林。兩者均為表達西德堅持追求德國統一的決心。

為追求德國的統一，西德基本法做了幾個關鍵性的規定。首先，在序言中稱「在……各邦之德意志人民自覺其對上帝及人類所負之責任，決心維護其民族與國家之統一」，把統一拉高到與上帝及人類的層次，以表明其追求統一的決心。其次，以「我上述各邦之德意志人民於此並為其他未能參加之德意志人民制定此基本法」的宣示，表明此一根本大法同樣適用於東德與其他地區的德國人，表明西德政府為正朔。最後，以「務望我全體德意志人民依其自由自決完成德國之統一與自由」的表述，宣示統一的方式是經由全體德意志民族的自決民主程序。

西德所以會強調用民主的程序追求統一的原因：(1)從意識形態上來說，西德視民主為基本價值，必須做為統一的工具；(2)從政治上來說，西德憲法學者日後對於「自決」的解釋，認為只有「民族自決」，而非「人民自決」，即應該是整個德意志民族共同行使自決，用以阻絕東德可以主張的「人民自決」。

在德國以何種方式進行統一方面，基本法第 23 條確定的方法為「加入法」。該條稱：「本基本法暫時適用……，德國其他部分加入聯邦時，應適用之。」換言之，西德將當時東德各邦仍視為西德的一部分，只要它們願意加入西德，隨時可以適用。

在當時，這樣的規定被視為是對東德的輕蔑，1950-80 年代間，幾乎很少人會認為這條規定有什麼意義，沒有想到，1990 年德國的統一，卻是用東德各邦加入西德的方式，完成德國的統一。

為了表示西德就是德國，延續了德國原有的國際法人格，特別在第 116 條規定：「除法律另有規定外，本基本法所稱之德意志人，係指具有德意志國籍，或以具有德意志人民血統之難民或被迫驅逐者，或其配偶、後裔之資格准許進入以 1937 年 12 月 31 日為疆界之德意志帝國領土之人。」

為何以 1937 年 12 月 31 日為基準，因為依據國際法，德意志帝國在該日以後所得到的領土，包括奧地利、屬於捷克的蘇台區、米美爾（Memel）地區均屬無效。這個條文的意義在於，符合這個規定的德國人，只要到了西德，均可以立刻要求給予西德的身分證。所以，東德的人民只要願意拿西德身分證，馬上可以取得。透過這個條文，西德的制憲者很清楚地宣

示，西德不是一個新生的國家，因此它不需要創造自己的國籍。這是一個約束西德政府的條文，即不得拒絕「德國人」拿西德身分證。用這個方式來宣示：西德就是德國。看來，目前兩岸都主張自己是中國，可是卻似乎缺少了西德制憲者般的豪情大氣。

西德的制憲者透過以上幾個法律條文，規範了統一的使命、方式，並以自己為德國承續者自居。西德的邏輯很清楚，它不僅代表德國，它就是德國。

東德在制憲時，也是以德國的承續者自居，在序言中，也表示是為「德意志人民制定本憲法」。第 1 條即稱「德國是一個不能被分割的共和國」、「共和國決定所有德意志人民生存與發展之事務」、「僅有一個德意志國籍」，第 25 條「所有礦產……及所有具經濟價值之自然資源……有關整個德意志人民之利益者，均受共和國監督」。

東德的制憲者表達了東德就是德國的決心，但是，這個立場很快就動搖了。

東德第一次大轉向：走向兩國論

為了擔心西德走向北約集團，1952 年，蘇聯史達林向西德總理艾德諾提出了德國可以統一，但是必須是中立的統一照會。艾德諾並沒有接受，他對於蘇聯沒有信心，他認為中立後的德國必然會成為蘇聯的戰利品，德國的中立不會為歐洲帶來和平。在艾德諾的信念中，安全第一、和平第二、統一則是最

後一個順位。

1955 年 5 月 9 日，西德加入北大西洋公約組織。隨後，5 月 14 日，東德和蘇聯及東歐國家八國締結了《友好合作互助條約》，構成了軍事政治同盟華沙條約組織。歐洲分裂成兩大對立的軍事集團。當對峙成為結構時，東德也在蘇聯的引導下，開始改變其德國政策。

在加入華沙公約以前，東德已經感受到壓力。1953 年 3 月東德難民潮事件及 6 月 17 日的工人暴動事件，使得東德更感覺到其政權的風雨飄搖。東德開始想與西德及德國劃清界線。1953 年 9 月 17 日社統黨總書記烏布里希特在該黨第 16 次中央委員會議上首先提出在德國有兩個國家的主張，同年 11 月 25 日烏布里希特在東德人民議會中再次強調「目前在德國有兩個國家」。東德開始推動「兩國論」了。

西德加入北約，蘇聯以「中立統一」誘引西德的政策失敗，政策轉向支持「兩國論」。在 1955 年日內瓦會議前，蘇聯已開始在其各項官方發言中，將「兩個國家」的看法納入。有時稱「兩個德國」、「德國兩個部分」，也有時稱「東西德」。在日內瓦會議時，蘇聯更明確地表示在德國的土地上已有「兩個國家」。赫魯雪夫於會後訪問東柏林時並發表演說稱，爾後任何有關解決德國的方案，都必須以兩個德意志國家存在為前提。這個時候的「兩國論」依然以「同屬德意志民族」為基準，可以說是「一族兩國」的主張。

西德的堅持：一個德國與民族自決

　　西德的回應當然是堅守「一族一國」、「一個德國」（整個德國）政策，凡是與東德建交的國家，西德以「霍爾斯坦原則」以對，即視之為不友好的國家，立刻毫不保留地與其斷交。不過，這個原則有個例外，就是蘇聯。西德的解釋是，「德蘇外交關係的建立，應被視為促使德國克服分裂與走向統一道路的一種途徑」。這是西德在國際環境現實下，要想德國統一與解決戰後在東歐的難民問題，不得不做的妥協。

　　日內瓦會議以後，艾德諾發現，西方國家已經不把德國問題解決做為歐洲和平的先決條件，德國統一問題已經從國際政治的舞台上退卻，西德必須要靠自己了。

　　1959 年艾德諾提出了「柯洛布克（Globke）方案」，這個方案屬於臨時性，也是過渡性的方案，內容包括五年為緩衝期，針對緩衝期訂定過渡性規則，並「在六個月之內相互建立官方關係」，「五年後在東西德舉行全民投票，如果東西德均多數贊成統一，則德國將自投票日起統一；如果東西德均未達多數，則東西德自投票日起，分離為兩個主權國家」。

　　蘇聯並不願意接受西德這個方案，仍然堅持德國問題透過「和平條約」解決。美國也沒有很認真地看待西德的提議，這個方案自然未能成真。

　　1961 年 8 月 31 日，西德所擔憂的事情終於成為事實。東西柏林多處邊界上已由圍牆取代了鐵絲網。德國的分裂看

來會持續一段很長的時間。1962 年 6 月，艾德諾在私下與蘇聯史密諾夫會面時提出了「城堡和平計畫」（Der Burgfriedensplan，意譯為「短暫和平計畫」），即希望與蘇聯簽訂一個十年為期的「城堡和平計畫」，十年後再付諸表決。先決條件是，在這十年內給予蘇聯占領區（即東德與東柏林）內人民較多的自由。

冷戰時期的蘇聯，對於艾德諾這項建議是完全沒有興趣的。對於蘇聯來說，艾德諾從來就沒有放棄用民族自決的方式完成統一，但是蘇聯要的是德國的永久分裂，自然對艾德諾的所有統一方案都沒有興趣。

東德的策略：推出中立邦聯的主張

東德在 1955 年推出「兩國論」政策以後，由於西德採取「漢賊不兩立」的「霍爾斯坦原則」反制，在國際上能夠擴展的國際空間有限。東德瞭解，必須從西德下手，才可以讓東德的國際法國家人格得到承認。

1956 年 12 月 30 日，烏布里希特首度呼籲以「邦聯」做為東西德統一的過渡方案。東德的方案是，西德需首先退出北約，然後東西德共同成立一個「全德諮商會」（Gesamtdeutsche Rat），以做為邦聯的功能機構。不止這一次，東德最後一次提出共組邦聯的建議是在 1966 年 12 月 31 日，這次所提出成立邦聯的十個步驟包括：東西德建立正常關係、放棄使用武力、承認邊界、裁軍、放棄核武、兩德與歐洲其他國家建立正常外交關係、中立、簽署條約尊重西柏林的特殊地位等等。

　　或許可以從東德的呼籲中，看到兩岸似乎也有類似的情形。在台灣，有人倡議成立「和平區」、呼籲北京「撤飛彈」、兩岸成立「邦聯」等等，這似乎是處於政治與軍事劣勢下的必然反應，北京迄今還沒有接受，正如同當時西德也沒有接受一樣，理由雖不盡相同，但是邏輯沒有多大差別，均認為在核心問題沒有解決前，這些主張都是不盡務實。

　　在西德看來，東德所提的中立邦聯方案根本就是不可行的。在中立主張方面，它違反了西德藉由北約維護安全的首要目標。在法理方面，兩德如果成立邦聯，代表西德必須以承認東德為一個主權國家為代價，這是違反西德的制憲精神，此與1950、1960 年代西德的政策不合，是無法同意的。在有關統一路徑方面，西德堅守其基本法的規定，咸信須先由全德意志人民舉行自由選舉，然後由選出的議員共組國民大會以制訂一全德的憲法，而不是透過東西德的邦聯途徑。

西德統一政策的調整：東西德是「一德兩國」內的特殊關係

　　1969 年 10 月西德大選，以統一為首要目標的社民黨布朗德上台，開啟了德國問題的另一種思維。布朗德的東進與德國政策理念在於，他認為德國能否統一的必要條件有二：一是善意的國際環境；二是兩德的充分交流。前者尤指改善與蘇聯的關係，後者指為避免兩德人民因長久疏離而漸失對統一的認同。布朗德並盼藉由西方與東德的接近，使東德民心向西方轉

向，此即所謂由「接近促成改變」（*Annäherung zur Änderung*）的理念。

在歷史上，德意志是個長久處於分治的民族，以近代史的國家意義來說，德國在 1871 年才首次統一，到 1945 年德國被占領，德意志統一的時間只有七十四年，缺少統一的歷史記憶。布朗德認為如果兩德人民再因意識形態而分隔，未來統一之路必然更為困難。另一方面布朗德的社會主義傾向，也讓他覺得有必要快速與蘇聯、東歐、東德儘速改善關係。「接近促成改變」政策就是在這些多種因素下形成。

1969 年 10 月 28 日，布朗德甫任總理七日，即首次發表政府聲明稱：「德國問題必須在『歐洲和平秩序』達成時才能算是解決；且在此問題上，無人能使我們信服，德意志人民沒有與其他人民相同之自決權」；「我們（德意志人民）……必須防止德意志民族進一步的疏離，並尋求經由正常的相互共存以達到相互合作」；「聯邦政府提議與德意志民主共和國在無歧視的政府層次上重新研商，以達成條約上的共同合作。聯邦政府不對德意志民主共和國作國際法上的承認，即使在德國存在著兩個國家，但他們彼此而言，並不是外國，他們間的相互關係僅是一種特殊形式（*eine besondere Art*）」。這是一篇改變東西德關係的歷史性聲明。西德從「一個德國」政策走到「一德兩國」政策。

西德願意做政策上的調整，東德讚許布朗德「兩個德意志國家」的主張，但是東德的態度仍然堅硬，目標仍是追求一個與西德在國際法上相互平等的地位，因此僅對與西德相互作國際法關係的承認，即只對雙方發展「外國關係」感到興趣。

1970 年 3 月 29 日東西德雙方展開戰後兩國政府第一次會

談，5 月 21 日繼續會談，在核心問題，即東西德兩個是否是國際法上的國家關係上沒有交集。西德最後建議「暫時停止討論」。布朗德深知，東西德關係必然在西德與蘇聯關係改善後方能推展，其德國政策的架構亦必須在顧及蘇聯利益的前提下才能成功。自此，西德將目標轉向蘇聯。

1970 年 8 月 12 日西德與蘇聯簽署《莫斯科條約》，其中規定雙方均放棄使用武力、尊重現有歐洲國家的領土完整、不提領土要求、歐洲國家現有疆界不得破壞，其中特列舉包括波蘭的西界以及東西德的疆界。

這份條約等於是戰後西德（代表德國）與蘇聯簽的和平條約，其中有關戰後歐洲領土疆界的確立，對於蘇聯而言，是再滿意不過了。這表示蘇聯幾乎全贏了。在蘇聯看來，波蘭疆界確定表示蘇聯從波蘭東邊拿到了合法的領土，波蘭從西邊也拿到了合法的土地，東西德的疆界也已經確定，一個戰後還沒有簽的「和平條約」，其應有內容都已經完成，有無「和平條約」已經不重要了。

蘇聯既然已經得到想要的所有東西，自然希望東西德能夠早日簽署條約，而不再支持東德的堅持，反而向東德施壓。1971年 5 月 3 日烏布里希特辭職，改由何內克繼任。自此，兩德的協商快速進行。

1972 年 12 月 21 日東西德簽署《基礎條約》。東西德在此條約中互有得失，東德得到了西德的國家承認，但未獲得西德的國際法承認，西德所主張有關東德不是外國、兩國間的關係屬特殊關係、雙方應以追求統一為目標等立場均未出現在條約中。西德所得為，東德應允在經濟、交通、文化、體育等各

範疇內與西德展開合作。

如果不經意地來看《基礎條約》，可以得出這根本就是一個分離的條約。首先在「序言」部分，明確地指出「意識到疆界之不可侵犯以及尊重全體歐洲國家現存疆界之領土完整及主權，是和平之基礎條件」，這表示西德必須尊重東德的領土與主權。在第 2 條再次規定，雙方「遵循聯合國憲章所載之目標與原則，尤其是所有國家主權平等、尊重獨立、自主及領土完整、自決權、保障人權及不歧視」。為何有了這些清楚的共識，西德自己或外界還會認為《基礎條約》是一個「同意歧見」（agree to disagree）的條約呢？

關鍵出在「序言」第三句「認識到兩個德意志國家……，基於歷史之事實……在基本問題上，包括民族問題，有不同之見解」，以及最後一條，即第 9 條「同意本條約不觸及雙方已簽訂或與其有關之雙邊或多邊之國際條約與協議」。這個所謂「基本問題」就是統獨問題。而如果沒有第 9 條，西德所主張的「承認東德為國家，但非外國」就失去基礎了。

「東德為國家，但非外國」能夠存在的理由在於西德認為由於 1937 年疆界的德國還沒有滅亡，因此東西德兩個國家迄今仍是德國的一部分。因此，如果 1937 年疆界的德國已經滅亡，那麼在彼此已經同意尊重對方的主權與領土完整情形下，東西德的關係自然就是外國關係。在西德看來，《基礎條約》是個「一德兩國」的條約，在東德認知上，這是個「一族兩國」的條約。

「德國」仍然存在：「一德兩國」與「一族兩國」的差異

　　那麼，1937 年疆界的德國到底有沒有滅亡呢？東德在 1949 年制憲時說沒有，且主張東德就是德國，但是從 1951 年 6 月與 10 月的兩項最高法院的判決中，開始表示「德意志帝國已經由所謂的征服，在 1945 年 5 月 8 日滅亡」，並確定東德為一個新生國家，與德意志帝國沒有關係，也不是它的繼承者或部分繼承者。由於德國已經滅亡，因此，東德視《基礎條約》就是兩個新生國家間的條約。

　　西德則認為德意志帝國並沒有滅亡，理由為：

　　第一，就領土方面而言，由於戰爭末期及戰後四強的書面聲明及有關議定書，皆未對德國作永久占領的表示，亦無將德國，或分割過的德國一部分納入自己國家版圖的意願。四強甚而在 1945 年的〈柏林宣言〉中強調，四國在承擔執行德國國家權力時，「並不構成對德國的併吞」。故可知，德國的領土僅是被暫時的占領，既未被併吞亦未被征服。

　　第二，德國的國家權力並沒有因為被所謂的征服而消失，德國的統治權力只是被占領國的權力所「覆蓋」及「超越」，德國的中級及地方行政事實上仍然繼續存在。雖然德國在事實上已不具有效運作的機構，但這只是表示德國政府的行為能力已經喪失，並不表示德國失去其原本具備的法律能力。

　　第三，由於「征服」的結果是戰敗國人民改變其國籍，但

德國國民卻未被迫喪失其國籍。

第四,就各國的後續行為來看,《波茨坦議定書》中已明文規定四強對德國疆界的處置措施。若德國已經滅亡,繼承國沒有必須接受該議定書的拘束,該處置措施自無簽訂之必要。故可推論,四強訂定有關的賠償條款時,基本上是以承認德國仍然繼續存在為前提。

第五,1945 年《聯合國憲章》第 107 條訂有所謂之「敵國條款」,及第 53 條第 2 款將敵國界定為「本條第一項所稱敵國係指第二次世界大戰中為本憲章任何簽字國的敵國而言」。假若東西德是兩個新生國家,則上述兩條文對東西德而言,是不具任何意義。但事實上,四強一直是將東西德視為該二條文的適用對象。

基於上述理由,西德認為,德國的領土與人民並沒有消滅,國家權力也沒有完全被占領國家取代,國際社會各國家的行為亦直接或間接地承認德國仍然存在,故就國際法的層面而言,德國應屬尚未滅亡。因而,對西德而言,「一德」絕非指德意志民族,而是以前的德意志帝國,當時是指由繼承其法統的西德,以及未來再統一的德國。

因此,對於西德來說,《基礎條約》第 9 條「同意本條約不觸及雙方已簽訂或與其有關之雙邊或多邊之國際條約與協議」指的就是《波茨坦議定書》與《聯合國憲章》等重要文件。西德不僅以法理來說明德國沒有滅亡,西德聯邦憲法法院在歷次的判決中,亦均持德國仍然續存的看法。1973 年 7 月 31 日在有關《基礎條約》的判決中更明確地述明法院認為德國繼續存在的理由,該次判決稱:「德意志帝國在 1945 年後仍然繼續存在,它既不因投降,亦不因占領國在德國行使外國權力而

滅亡，此可從基本法序言、第 16 條、第 23 條、第 116 條及第 146 條而得知。聯邦憲法法院並已於數次判決中確定德意志帝國仍然存在。雖然它做為一個整體國家而言，缺少組織，特別是缺少憲政機關，而使得它無行為能力，但它仍如以往般地擁有法律能力」（*BVerfGE 36,1 ff/16*）。

在實際的政策上，西德也以德國沒有滅亡，對東德的承認只是國家承認而非外國承認的法理立場施政。因此，成立與東德關係事務的單位名稱是「德國內部事務部」，派遣東德代表的權力不屬外交部，在東德的代表稱之為常設代表，而非大使，稱東西德的關係是「內部關係」，並宣稱《基礎條約》只是一個臨時條約。

雖然西德這麼解釋、這麼做，但是東德卻不這樣認為，東德派在西德的代表就叫大使，由外交部處理東西德關係，視兩德關係為「外交關係」，並宣稱《基礎條約》當然是一個永久性的條約。東德要的是「一族兩國」。

以「一德各表」為基礎的《基礎條約》通過後，東西德在 1973 年 9 月 18 日，經由聯合國大會的鼓掌通過，成為第 134 與 135 個會員國。從此以後，兩個國家在聯合國與國際間的互動與其他國家間的關係沒有不同。

東德第二次大轉向：推動兩族論

在加入聯合國後，東德並不滿足亦不安心。由於西德一直強調德國問題最終要透過「民族自決」解決，而非「人民自決」，

東德決定更改自己的憲法,把「一族兩國」論,變成「兩族兩國」論。

1960 年時,即使東德主張兩國論,但是仍堅持自己與西德一樣,同屬德意志民族,12 月烏布里希特在社統黨中央委員會中表示,持兩個德意志民族主張,是一項「錯誤的看法」。東西德人民「雖然暫時分離,但統一民族的重建,是一歷史上必然之事」。1966 年 2 月 28 日東德雖然申請加入聯合國,主張兩個德意志國家,但在聲明中仍主張東西德為同一民族。1967 年 2 月 20 日,東德人民議會通過《國籍法》,主張東德人民雖有自己的「東德國籍」,但即使如此,仍認為東西德皆屬於同一民族。

從 1970 年開始,東德開始改變其民族立場,12 月 7 日烏布里希特在社統黨二十五週年紀念籌備會的演講中,以意識形態的差異做為兩德民族不同的理由,該談話稱:「由封建主義至資本主義過程中所形成,並自 1871 年至 1945 年在一個統一國家內所存在的資產階級德意志民族已經不存在。德意志民主共和國為一個社會主義德意志民族國家,社會主義民族已在其(指東德)建立的過程中形成,這是不容否定的事實。」烏布里希特的繼任者何內克,亦繼續持上述觀點。何內克在 1971 年 6 月東德社統黨第八次代表大會中再稱:在東德已形成一新形態的民族,即「社會主義民族」,然而在西德仍是「資產階級民族」。

隨後,東德將其對民族的見解納入其 1974 年 10 月 7 日修改的憲法中。該憲法序言刪除 1964 年憲法中所使用的「德意志民族」等字,而只保留東德「人民」。第 1 條東德自稱「為一個工農民之社會主義國家」以取代 1964 年憲法之「德意志

民族社會主義國家」。

　　東德認為，經由「兩族論」的確定，可以迴避西德憲法「民族自決」的規範，只是他們沒有想到，理論建構的速度還是比不上未來人心的思變。

「一德各表」的《基礎條約》的功過：不能確定

　　德國統一已經二十年了，在二十二年前，幾乎還沒人預測德國會統一。布朗德到底是德國統一的推手，或是有可能成為德國永久分裂的「罪人」，在當時沒人能夠說得準。事後來看，《基礎條約》對於要統一的西德而言是個險棋，從好的方面來說，布朗德政府在《基礎條約》中，突破了東西德二十餘年的隔離，使得雙方人民有開始交流與合作的機會，此有助於東德人民瞭解西方的社會，累積的社會力量，終於衝破圍牆，推動了德國的統一。看來他的「接近促成改變」政策發揮了功效。

　　但是如果換一個角度看，由於《基礎條約》的簽署，東德獲得西德的國家承認，使其國際地位日益鞏固，此似又與西德的統一目標有所背離。從歷年的民意調查顯示，自布朗德執政推動其「一德兩國」政策後，多數的西德人民覺得德國的分裂似已成定局。《基礎條約》簽署後的 1973 年，認為德國會統一的人民只有 9％，認為德國不會統一的則高達了 81％，到了 1987 年，只有 3％認為德國會統一，認為不會統一的則高達 97％。

　　本文篇幅有限，不再談 1990 年整個東歐驟變時，西德內部的因應遠遠趕不上環境的變遷，東西德是在東西馬克兌換的誘因、對民主與經濟追求的狂熱下完成了統一（這個討論可能再需要一篇文章）。現在我們做一個假設，例如當時的東德政府能夠暫時穩住局面，或者做一些局部的妥協，讓東德政府能夠延續，那麼最後的結果可能是什麼？如果東德與其他中東歐國家一起在 2004 年加入了歐盟，德國統一還有機會嗎？當然歷史不會假設，但是如果把德國統一做為兩岸經驗時，就必須認真推演這個問題。在德國統一二十年，也是兩岸關係正在快速發展的時期，我們有必要從德國問題找尋若干啟發。

德國經驗的啓發：「一中同表」才是正道

　　第一，從艾德諾開始，所有的西德總理都以改善東德政治、經濟社會環境為目標。事後來看，不能說西德的努力沒有效果，但是是否有改變東德人民對於統一的期望，由於沒有民意調查可以證明，不能妄下斷語。我們可以這麼說，西德與東德在進行一場「時間對誰有利的博奕」，西德認為時間站在他那裡，透過經濟、文化交流，東德遲早會發生改變，為統一創造機會；但是東德卻認為，時間在他那邊，透過新的國族認同教育，與在國際間以主權國家的出現，東西德的分裂將更為確定。東西德雖然最後是統一了，但是我們並不認為這就表示以「一德各表」為基礎的《基礎條約》就一定有它的功能，因為它也可能提供了東德建構自己國族認同的機會，反而可能阻礙了德國的統一。因此，未來兩岸簽署和平協定時，不可以讓「是

否有利統一」成為博奕的標的，而應確定是往「確保兩岸不分裂」的方向走。

第二，「一德各表」中「各表」部分，是指對「是否要統一」的「各表」，是對「德國」是否已經滅亡的「各表」。西德對此做了讓步，沒有在條約中堅持。轉而用責成行政部門在政策中「不可放棄再統一命令」的方式來表達其堅持德國統一的立場，以及用自己的憲法規範與政策行為來證明德國還沒有滅亡。東德對此則是清楚說「不」。這樣的「各表」，北京可能接受嗎？由於「一德各表」並沒有對「一個德國」做出共同的解釋，在簽署《基礎條約》以後，東德取得國際承認，「一族兩國」成為事實，隨後東德透過制憲快速走向「兩族兩國」論。在兩岸問題上，北京可能很難冒這個險。因此，我們可以推論，如果未來的大方向不確定，甚而會有反向的可能的內容，都會使兩岸和平協定無法達成。

第三，西德所以會接受「一德各表」，因為西德看清楚當時的國際局勢，四強已經不再把解決德國問題視為歐洲和平與安全的先決條件，而且四強均對促使德國統一已經沒有興趣。西德必須自己來解決這個問題，因而採取「接近促使改變」的思維，願意一賭，並希望澈底改善與蘇聯和東歐的關係。西德所以會願意讓步承認東德是一個國家，因為這是蘇聯要的底線，西德如果不做這個讓步，當時的蘇聯不會同意與西德和解。兩岸分治是內戰造成，國際強權很難像蘇聯一樣，合法地介入，因此，北京似乎也不容易在偏離大原則的情形下做讓步。另外，台北能夠獲得的國際支持有限，美國會像蘇聯支持東德一樣，支持台北嗎？我看也很難。

第四，西德所以可以守住自己的底線，關鍵在於它對於德國沒有滅亡的解釋，靠著對於國際協議的解釋（《基礎條約》第9條），才使得「整個德國」取得了法理基礎，它因而才可以在容許東德對「一個德國」各自表述，而不會傷害自己的憲法對於追求統一的規定。兩岸是內戰形成，屬於整個中國的內部事務，所以，如果兩岸不能夠對「統一」或「不分裂」達成一致認知，兩岸的相互承認，就有可能造成永久分裂的可能。這是德國問題與兩岸問題最不同的地方。

第五，雖然《基礎條約》與德國統一兩者之間不必然有正相關的關係，但是我們必須肯定歷屆西德政府推動與東德交流的用心，特別是「接近促使改變」的做法，為1990年德國能夠快速統一累積了必要的能量。因此，兩岸的交流應該持續，應該擴大。凡走過必定留下痕跡，交流一定會產生功能，但是，我們也不要期望只有經濟交流就可以改變現狀，政治問題還是需要政治解決，德國問題清楚地顯示，經濟、文化最多只是個助力罷了。

第六，相互平等是《基礎條約》的重要精神。雖然東西德在《基礎條約》中對於「一德」是「各表」，但是對於雙方是平等地位，相互尊重則是「同表」。沒這個「同表」，東德根本不可能簽署。對於兩岸來說，我們可以將「同表」的部分擴大到對「一中」的見解，但是兩岸關係部分，也應是相互平等的「同表」。

第七，人民的意願很重要。雖然西德人民對於是否能夠再統一的看法愈來愈悲觀，但是對於統一的期望卻沒有降低多少，從1948年到1987年的歷次民意調查顯示，對統一有期望者均占八成以上。這個比率應該可以歸納為西德政府長期對其

人民政治教育社會化的結果，這也是為何西德人可以很快地，幾乎以不惜代價的方式接受德國統一的原因。我們沒看到東德的民調數字，東德也不會做這種民調，但是從學理上，我們可以推論，如果統一的意願都喪失時，未來要統一自然變得更困難。

「一中三憲、兩岸統合」吸收了德國問題的經驗，但是提出一套完全不同於德國模式的論述。在未來兩岸和平基礎協定的簽署中，「兩岸同屬整個中國」、「承諾不分裂整個中國」、「尊重對方為憲政秩序主體」，都應該屬於「一中同表」的部分，也是兩岸政治定位的核心。至於希望「兩岸在雙方同意的領域成立共同體」，則是為兩岸未來經濟、文化、社會等交流提供一個兩岸均可以參與、有助於累積重疊認同、強化兩岸走向統一意願的架構。這一方面則是從歐洲統合經驗找到借鏡，也是東西德沒有採行的途徑。

在德國統一二十週年的今天，回顧過程的同時，也盼藉他山之石，為兩岸找尋經驗與智慧，「一中三憲、兩岸統合」是德國經驗的修正補充，提供兩岸有識之士參考。

和平發展期的兩岸政治定位與路徑

——從「一Ｘ兩Ｙ」到「一Ｘ三Ｙ」

前言：為兩岸定位與路徑做邏輯性的探索

兩岸現有論述：多為「一Ｘ兩Ｙ」的模型

「一Ｘ」的討論：主權歸屬的爭議

  (一)主權可否為單一排他？

  (二)「一Ｘ」可否「各表」？

「兩Ｙ」的討論：治權是平等、差序、還是分離的爭議

「一Ｘ三Ｙ」：讓「第三Ｙ」與「一Ｘ」接軌

為何以「兩岸統合」與「共同體」做為路徑

為何以「一中三憲」做為政治定位

結語：做好論述準備

前言：為兩岸定位與路徑做邏輯性的探索

這篇文章是在製作完《百年中國：迷悟之間》六集紀錄片之後，希望討論的問題，即在回顧百年中國所走過的滄桑歲月後，我們用什麼樣的方法與路徑繼續向前走。

從紀錄片中，我們可以看到百年來兩岸所有人民其實都是福禍相依、利益與共，在整個中華民族的現代化道路上，雙方雖然曾經走了不同的道路，方向曾有不同，快慢亦有差距，但已經逐漸有著殊途同歸的趨勢。這是經歷過百年滄桑後，值得慶幸的事。

另一方面，我們卻看到，即使兩岸已經明瞭到彼此是一個有著相互依存的關係，可是存在著兩岸之間仍有一道激流，它或而隱藏，或而浮現。2008 年馬英九執政以後，兩岸人民交流互動頻繁，但是政治性的對話卻仍然沒有開始，台灣民眾對於「統一」或「中國人」的認同並沒有與兩岸交流數量成正比關係發展。從經貿上來看，兩岸愈來愈相互依存，但是就雙方的政治關係與認同來看，兩岸似乎仍有一段不小的距離。與大陸堅持統一不同，「台獨」與「偏安」成為台灣內部對未來前途的主要選擇。

紀錄片是以歷史為舞台，反省過去的經驗與教訓。在探討未來的路徑時，歷史的共同記憶與經驗可以幫助我們在認知上取得一致，但是在具體作為方面，卻是需要有具體的政策規劃以供依循。

目前兩岸的相互政策都是以交流為主軸。這個主軸是必要

的，但是要讓兩岸關係平穩前進，就不能忽視另外一個主軸，即兩岸的政治關係，包括兩岸的政治定位與未來方向，兩者缺一不可。如果只是依賴交流這個前軸，而政治這個後軸卻是維持現狀、保持不動，那麼兩岸行進的穩定與速度上必然會出現問題。只有兩軸共同前進，才能創造真正的和平。

問題來了，為什麼在 2008 年以後，兩岸政治定位的談判無法開啟？是經濟交流的質量累積仍然不夠？還是台灣或大陸方面對於是否需要政治談判有了不同的看法？是基於國際與內部政治的現實，使得台灣方面不願進行協商？或是因為雙方在基本立場上沒有交集的可能？是否目前兩岸所提出的各種政治定位論述，不是不符合目前的客觀政治現實，就是無法滿足未來走向的需要？

任何政治論述均有倡議者本身的利益考量在內，兩岸政府自然也是如此。所有的論述都以自己所希望的史觀做基礎，也有本身立場與利益的考量。正因為如此，學者比較能夠、也有責任站在一個比兩岸政府更超然的角度，提出客觀建言，這不也是中華文化裡知識分子應有的認識與責任嗎？

在拍攝完《百年中國：迷悟之間》，這個以建立或強化兩岸命運共同體史觀為目的的紀錄片以後，希望能夠站在一個「既在場又超然」的立場，為兩岸提供一個法律與政治的思考架構，以讓兩岸命運共同體可以在一個合理的政治法律結構下運作。

2008 年以後，主導兩岸關係政治論述的仍然是「九二共識」的「一中各表」，但是它卻沒有真正成為兩岸政治性對話的基礎。無論是北京的「一國兩制」或是台北主張的「一國兩

區」都不被雙方所接受。兩岸統合學會長期主張「一中三憲、兩岸統合」做為兩岸和平發展期的政治定位及未來走向的結構（請參考張亞中著《統合方略》一書，可從「中國評論新聞網」的「網上開卷」部分，全文下載），也沒有進入真正的決策舞台。

今年（2011）年 6 月間兩則新聞，為兩岸政治關係引發了一些漣漪。外電報導，「維基解密」顯示北京曾成立研究小組，期望在「一國兩制」與「兩國論」之間找到一個兩岸都能接受的模式。另一則是，北京清華大學教授楚樹龍在華府智庫布魯金斯研究院撰文提出「一國兩府」概念。為此，在政治光譜上偏藍的媒體《聯合報》以異常興奮的文字，連續兩天用社論的方式表達肯定。

6 月 23 日《聯合報》發表〈和平協議就是中程方案〉社論，認為「一中各表」可以與胡錦濤在 2008 年 12 月 31 日所稱「國家尚未統一前的特殊情況下的政治關係」的政治定位表述連結，並可以成為和平協定與中程方案的基礎。6 月 24 日《聯合報》針對楚樹龍教授主張「一國兩府」概念，以〈一國兩府、枯樹生花〉發表社論，以期待北京能夠繼續開拓思維。

《聯合報》的這兩篇社論表現出對未來的期待，但是也凸顯了，為何兩岸關係已經走了多年，卻無法在政治定位上找到交集，這十餘年來，海內外學者專家紛紛提出不同的見解，為何總是無法為雙方政府所接受，到底問題在哪裡？「一國兩府」、「一國兩制」、「一國兩區」、「一國兩治」等主張的差別在哪裡？

做為學術探討，如果大家使用的名詞本身沒有一個標準，「兩府」（都是中央政府？）、「兩制」（指的是制度的性質，還是制度的權力位階）、「兩治」（治理方式還是治理的權力

位階？）、「兩區」（都是中央地區？）都可以做不同定義的詮釋，這也使得有關的討論缺少系統性的邏輯性精確比較。

在紀錄片已告完成之時，我想重新再探討兩岸的政治定位，也為紀錄片所希望呈現兩岸是命運共同體提供一個邏輯完整的法理結構。本文並不對兩岸現有論述做個別性的比較分析，而是做整體性的邏輯評估。

兩岸現有論述：多爲「一 X 兩 Y」的模型

為了解決兩岸政治定位問題，官方民間、大陸台灣、海內海外均相繼提出不同的見解。北京官方的論述為「一國兩制」，台北官方是「一國兩區」，李登輝時代提出的「特殊國與國」，屬於「一族兩國」。其他主張包括「一國兩府」、「一中兩治」、「一國兩治」、「一國兩席」等等，這些不同的主張，我們以「一 X 兩 Y」做為歸類。

「一 X 兩 Y」的論述有幾個重點需要釐清：第一，「一 X」（一中、一國）對主權的描繪是實的還是虛的？如果是實的，它是指兩岸哪一方所有？「一 X」是指中華人民共和國還是中華民國？如果是虛的，「兩 Y」最後會成為「二 X」，走向「兩個中國」（偏安）或「一中一台」（台獨），如此「一 X」的提法就已經失去意義了。第二，「兩 Y」之間的政治關係為何？是平等？分立？分離？還是不對稱？

從一個完整的論述來看，在「一 X 兩 Y」的相關論述中，「一 X」應指涉及主權的規範；「兩 Y」則著重在治權的基礎

與權力實踐。因此,「一 X 兩 Y」必須從主權、治權、權力三個方面來探究其內涵與可行性。

「一 X」的討論：主權歸屬的爭議

(一)主權可否為單一排他？

如果所提出的「一 X 兩 Y」主張,在主權主張方面仍是以「單一排他」為基礎,那麼在未來的兩岸和平協定中,彼此都很難正式接受或承認。例如,目前台北主張的「一國兩區」與北京的「一國兩制」,均認為自己是那個「一國」,其主權涵蓋對方,平常大家說說無妨,但是正式要談兩岸定位時,台北無法接受北京定義的「一國兩制」,北京也不會同意台北定義的「一國兩區」。

在國際法上,治權來自於主權。如果沒有主權,其治權就缺乏完整性。例如香港、澳門,主權屬於中華人民共和國,可以擁有何種程度的高度自治,必然完全取決於北京的給予。目前港澳基本法的法源均來自於《中華人民共和國憲法》第 31 條,顯示港澳治權所屬的基本法位階低於北京的憲法。

在兩岸議題上,北京主張主權涵蓋台澎金馬,並認為從 1971 年聯合國第 2758 號決議文起,北京已經取得在國際間的代表性與正當性。聯合國驅逐蔣介石的代表與席位,意味著中華民國的主權已經不被廣泛的國際社會所接受。在北京看來,台北只是個有治權的政府,而不是個有主權的政府。

北京的看法只對了一半。在國際政治的現實下,台北的確失去了在國際上代表中國的正當性,但是做為一個主權國家,

台北仍然一直有超過 20 個國家承認並維持與台北的外交關係。絕大多數沒有邦交的國家也接受中華民國護照所代表的絕對治權,在簽證、身分認定等實務運作上,均將兩岸人民做法理上的區隔,也不認為北京的主權可以涵蓋台灣地區的人民。

對於台北而言,目前的憲法涵蓋全中國,但是在現實政治上,馬英九主張「主權互不承認」,即不承認北京政府對大陸的主權。這樣的看法也是對錯互半。首先,基於憲法既是規範政治運作的大法,也是政治原則與目標的自我期許及約束,《中華民國憲法》規定主權涵蓋全中國,因此,台北依憲法主張主權涵蓋全中國是合憲的,但是「不承認北京對大陸地區擁有主權」卻又與現實事實不符。北京目前與全世界 172 個國家擁有外交關係,均接受北京擁有主權。

因此,如果「一X」只是指排他性的單一主權,那麼它將只是一種政治性的語言而已,與現實政治有不小的區別。政治性語言當然有其必要,但是要解決問題,政治性語言就必須更為嚴謹。

(二)「一X」可否「各表」?

「一X」各表可以有兩種可能。第一種的「各表」是兩岸均主張自己是「中國」,即一方主張「中華人民共和國是中國」,一方主張「中華民國是中國」,所爭的是「正統」;第二種「各表」的結果是一方表示我是中國,另一方則已經放棄自己是中國了,此時雙方已不是「正統之論」,而是尋求一種「異己關係」的確定。

如果兩岸只是對「正統」認知的「各表」,這個時候,彼

此雖然有「各表」，但其核心是「共識」，即對「一個中國主權領土完整的共識」。1992 年能夠達成「九二共識」，是因為台北方面在 1991 年通過了《國統綱領》，對於「追求統一」與「一個中國」有自我約束性的規範宣示，因此，「九二共識」的「共識」不僅在於「各表」，也在於雙方對於堅守「一個中國」與「追求統一」的共識。如果兩岸是「異己關係」的「各表」，那麼，「九二共識」其實已經不存在了，兩岸就很難找到彼此能夠接受的政治定位了。

我們就用「一中各表」做為處理兩岸政治定位與簽署兩岸和平協定，目前碰到的困難來做為例子。

針對「維基解密」顯示北京曾成立研究小組，期望在「一國兩制」與「兩國論」之間找到一個兩岸都能接受的模式一事，2011 年 6 月 23 日《聯合報》發表〈和平協議就是中程方案〉社論稱，2008 年 3 月 26 日胡錦濤與美國總統布希在熱線電話中稱：兩岸「將在九二共識基礎上恢復談判，雙方承認只有一個中國，但同意對其定義各自表述」。胡錦濤在 2008 年 12 月 31 日所稱「國家尚未統一前的特殊情況下的政治關係」的政治定位表述連結，並可以成為和平協定與中程方案的基礎。

兩岸簽署和平協定與建立軍事互信機制是馬英九在 2008 年選舉前的政見，「一中各表」是馬英九兩岸政治定位的核心論述，北京既然已經表示願意在「九二共識」與「一中各表」的基礎上進行政治談判，我們好奇的是，為何得到七百多萬票的馬英九沒有做？

除了可能有的美國因素在內，馬英九個人的政治立場與判斷是關鍵因素。其中一個重要的原因，在於馬英九認為如果他開啟兩岸政治談判，他就必須面對真正的「九二共識」，包括

「追求統一」與「一個中國」。在這個共識中，台北必須回答中華民國與中國的關係到底是什麼？台灣人是否也是中國人？

如果「追求統一」與「一個中國」只是過去式，北京大概不會接受；如果是未來式，馬英九目前不敢承諾，因為國民黨目前的政策主軸是「不統、不獨」，「台灣前途由 2300 萬人共同決定」；如果是現在式，那麼現在是什麼法理關係呢？國民黨目前的主張是「中華民國是個主權獨立的國家」，而不是「中華民國就是中國」。既然中華民國與中國的關係在現在式與未來式上都出現了問題，兩岸和平協定如何簽得下去？兩岸政治定位又如何能夠達到共識？

1992 年的「九二共識」、「一中各表」時的情境裡，台灣的「國族認同」為「我的國家是中華民國、中華民國是中國、我是中國人也是台灣人」。經過李扁十餘年的去中國化教育、政策，從目前馬英九在競選期間的談話來看，「新國族認同」論述已經形成，即「我的國家是中華民國，我是中華民國國民、我是台灣人」，在這個「新國族認同」的「新三句」中，缺少了兩個東西，一是中華民國與中國的關係為何？另一是，台灣人是否還是中國人？

坊間大多認為 1999 年蔡英文參與了「特殊國與國」的論述形成工作，因而認定她是始作俑者。其實早在 1994 年期間，「特殊國與國」的精神已經開始出現。1994 年陸委會的大陸政策白皮書（正式名稱為《台海兩岸關係說明書》）即已開始將「一個中國」定義成「歷史、地理、文化、血緣的中國」，換言之，「一中」已經開始虛化、概念化，已經不再等於中華

民國，而只是一個民族的概念（那個時候的主委是黃昆輝，副主委是蘇起先生）。在這樣的概念下，中華民國與中國的關係，只剩下「歷史、地理、文化、血緣」的民族關係，而沒有政治與法律上的關係。因此，如果嚴格來說，台灣在 1994 年開始就已經走上了「特殊國與國」的道路，而非 1999 年。真正的「九二共識」只存在兩年，在 1994 年就已經開始變質了。

陳水扁任內激進推動的「一邊一國」、「入聯公投」只是讓原本已經質變的「各表」更確定變成了「異己關係」，甚而是「敵我關係」的「各表」。與「特殊國與國」不同的地方在於，1994 年起，只是將中華民國與中國脫鉤，2002 年主張「一邊一國」以後的陳水扁，則是企圖將「中國人」這個概念澈底消除，這使得兩岸不僅在政治法律上是「異己關係」，在民族血緣上也是「異己關係」。

陳水扁八年的政治操弄不是沒有效果。馬英九在 2008 年執政以後，雖然口頭上仍然堅持「九二共識」，但是卻遲遲不願意開啟政治協商。馬英九對外的說法是「先經後政」。四年任期即將過去，證明了馬所說的「先經後政」，其實是「只經不政」。

為何「只經不政」呢？一個可能的解釋，就是馬基於連任考量，不願意去碰觸「一中」這個敏感的議題。為何不願意碰觸？簡單地說，因為他的團隊認為這樣會容易失掉選票。為何認為會容易失掉選票？因為目前台灣絕大多數民眾認為中華民國已經與中國沒有關係，台灣人已經不是中國人。這是一個論述形成政策，政策又限制論述的標準循環邏輯。

為何台灣民眾會如此認為？理由很簡單：執政者從 1994 年就已經開始裂解「一個中國」的法理意涵，以及隨後的去中

國化歷史教育。2002 年的「一邊一國」根本去除了「台灣人也是中國人」民族認同。2005 年起的烽火外交、2007 年「入聯公投」等政治操弄。即使是馬政府在 2008 年上台以後，在兩岸與外交政策上做了調整，但是在基本論述上，卻選擇了最保險的「路徑依賴」，也跟著民進黨主張「主權獨立」、「前途自決」、「1949 年後的中華民國史不屬於中國史，而屬於台灣史」，甚而認為「中國」的說法是「背叛台灣人民」（請參考張亞中，〈爾憂選擇、我憂兩岸：2012 年後有無兩岸和平協定？〉，《中國評論》，2011 年 7 月號，總第 163 期）。這樣的發展，使得國民黨目前的「國族認同」中，缺少了中華民國與中國的關係、台灣人也是中國人這兩個重要的內涵。

這就是「一中各表」可能的後果。台灣目前是一個常年選舉的民主社會，政治人物為了便宜行事，往往不敢於在原則問題上堅持，這也使得「各表」隨著時間，愈來愈偏離了原有的意涵。所謂「一中各表」只剩下了皮囊而已。為此，兩岸統合學會從 2010 年初迄今與《聯合報》進行一系列「一中同表或一中各表」，哪一種主張才能為兩岸關係建立和平穩定基礎的辯論（張亞中編著，《一中同表或一中各表》一書可以從台灣大學圖書館或「中國評論新聞網」的「網上開卷」部分，全文下載）。「一中各表」的困境，反映出對「一X」這個涉及主權的表述，如果「各表」已經觸及到主權歸屬範圍時，「各表」就已經失去其存在的意義了。

「兩 Y」的討論：治權是平等、差序、還是分離的爭議

　　基本上，無論是「兩制」、「兩治」、「兩席」、「兩府」、「兩區」的論述都是治權的性質。基於治權來自於主權，如果一方主張主權為單一排他，那麼就無法承認另一方治權的完整性與完全自主性。因此，「兩 Y」之間就發生了「主從」、「差序」關係的辯論。

　　北京認為，一個中國是指中華人民共和國，主權只有一個，為北京所享有，因此，台北最多只是一個高度自治的特別行政區。「兩制」在性質上，一個是社會主義制度、一個是資本主義制度，沒有高低差別；但是在法律上，一個是中央政府，一個是非中央政府，兩者是一種統治權力的「差序關係」。

　　在這樣的論述下，無論使用「兩制」、「兩府」、「兩治」、「兩區」、「兩席」，對於北京而言，均可以與「兩制」接軌，均等同於「兩制」。所謂「兩府」可以是中央政府與地方政府，「兩治」也是兩種不同的治理制度。「兩區」可以是屬於中央的地區與非中央地區。因此，只要北京主張「一 X」的主權為單一排他，現有的「兩 Y」用語其實並沒有多大差別，彼此都是可以通用的。

　　台北認為，一個中國是指中華民國，因此發展出了「一國兩區」這個概念，分別為「台灣地區」與「大陸地區」。由於台北在全球的政治實力上不如北京，因此在「兩區」的位階上，不會做出「台北高、北京低」的「差序關係」安排。從台北經

常主張兩岸應該「對等」來看，台北認為「兩區」之間是可以
「平等」的。

在台北看來，「兩區」就是「兩治」，也是「兩制」，台
北在乎的是「一 X」。差別在於：1990 年代初期以前，爭的
是「一 X」的代表權，1994 年以後則是準備選擇離開「一 X」。
當台北已經有了離開「一 X」的準備時，「兩 Y」之間就沒有
從屬或平等的問題。簡單地說，在「特殊國與國」或「一邊一
國」的思維下，「兩 Y」關係為何的討論已經多餘。主權都不
同了，治權自然也就不同，「兩 Y」是兩個互不隸屬，分離的
Y。

「一 X 三 Y」：讓「第三 Y」與「一 X」接軌

從以上分析可知，任何形式的「一 X 兩 Y」都有其推理
邏輯上的困境。

在代表主權意涵的「一 X」方面，第一種情形，如果是單
一排他，基於一個主權國家只有一個中央政府，「兩 Y」之間
必然是一個不平等的治權層次。這是北京的官方主張，台北很
難接受。國民黨目前也主張主權是單一排他，但也願意接受兩
岸在治權方面是對等，對方如果沒有主權，治權如何與己方的
治權對等？這是一種在邏輯上無法站得住腳的論述。

唯一可以解釋台北方面為何如此主張的理由，是台北基於
政治需要，但又不能違反憲法對主權的規範，因此在憲法規範

與現實政治之間所發展出來的「創造性模糊」。由於這樣的主張違反現實認識，因此，一方面限制了國民黨再深入思考的空間，到了最後只能用「維持現狀」的態度來面對兩岸關係發展；另一方面，在民進黨的清晰定位兩岸為不同主權的壓力下，國民黨也逐漸發展出了「法理上堅持單一排他主權、事實上接受兩岸各有互不隸屬的主權」的矛盾看法，這就發展出代表主權意涵的「一X」的第二種情形。第二種情形是，如果「一X」只是個歷史、地理、血緣、文化的「概念」，「一X」將只是一個「虛」的表述，「兩Y」就同時具有主權與治權的意涵，兩岸等於是分離的異己關係。這種與民進黨相近的論述是北京無法接受的論述。

如果兩岸要簽署和平協定，為和平發展期的兩岸確定政治定位，「一X」的問題無法迴避，在「一X是單一排他」及「一X可以是虛的」等兩種都有邏輯與現實的困難情形下，唯一的第三種選擇，就是接受「一X」具有兩岸主權重疊的意涵。也就是「一X」是一個實的、而非虛的政治實體，是由兩岸人民所共有，它的主權由兩岸人民所共有與共享。在主權共有與共享的情形下，才有可能發展出「兩Y」治權間的合理法律關係。

由於「一X」為兩岸共有與共享，「兩Y」之間的法律關係就有可能形成一種在法源上是平等、在權力上是不對稱的關係。這個「平等不對稱」的情形可以用兩個例子來代表。

第一個例子，在聯邦制的國家內，每一個邦均共享整個國家的主權，存在的法源都是平等的，都來自於聯邦憲法與各邦憲法，即彼此在「治權」的法理層面是平等的，但是每一個邦在全國事務中的權力並不一定對稱。以美國為例，各州在參議

院所擁有的席數是相同的，這代表不論大小，每一州都有相同的權力。但是在眾議院，每一州的席數則是因大小而有不同，這就是一種不對稱的關係。

第二個例子，在中國的傳統社會中，往往一個大家庭有「大哥、二哥」、「大房、二房」住在同一個屋簷下的情形。由於彼此在擁有家族這個「主權」上是重疊的，因此才可以發展出每一個家庭間的權力是「平等不對稱」的情形。如果「大哥、二哥」已經分家，那麼也不需要再討論彼此治權的法律關係。

因而在「一 X 兩 Y」論述中，如果「一 X 是單一排他」或「一 X 是虛的」，則不可能得出「兩 Y」之間是「平等不對稱」的關係，只有在「一 X」是兩岸主權宣示或事實重置情形下，才有可能得出兩岸在治權上是「平等不對稱」的結果。

另一個問題來了，第一個有關聯邦的例子，各邦能夠主權重疊是因為有聯邦政府存在的事實，第二個中國大家庭的例子，是因為有一個絕對權威的大家長存在。如果沒有中央政府或大家長，各邦或各房如何去共享主權？在兩岸問題上，主權重疊的意涵為何？國際法學者會告訴我們說，每一個國家都只有一個主權，主權的本質是排他，除非統一，不可能有主權重疊這個情形。

由於目前兩岸的憲法均主張主權涵蓋全中國，因此，兩岸共同接受「主權宣示」的重疊，並保證不分裂整個中國，在邏輯上應該是可以的。但是又產生一個問題，如果大家只是單方面的「宣示」，未來其中一方在政策上作了調整，一切又回到了問題的原點。「一 X」又變成各說各話了。

這個時候，我們就必須要有進取與突破性的思考了。即思

考一個如何讓「一X」在主權重疊意涵上也可以是個「實」的，而非僅是雙方的口頭宣示而已。一個方法是透過兩岸書面共識來承諾，確定承諾不分裂整個中國、共同維護整個中國主權與領土的完整、整個中國的主權由兩岸人民共有與共享。

另外一個更重要的方法是，如何讓這個「主權共有共享」不是靜態性的存在。如果只是靜態性的存在，那就可能是永久性的「維持現狀」。因此，要讓主權重疊的「一X」可以開始運作，有它的治權。這就不是「兩Y」能夠涵蓋的了，必須要創造一個「第三Y」，讓這個「第三Y」與「一X」接軌，行使「一X」的治權。透過這個治權的行使，一方面呈現兩岸在主權方面已經開始重疊，也可以「外溢」（spill over）使得未來「兩Y」的治權逐漸往「第三Y」移動。「兩Y」的治權往「第三Y」移動愈多，表示統合的程度就愈高。如果「兩Y」的治權未來全部都往「第三Y」移動，最後就完成了「一X一Y」，這代表兩岸從目前的分治走向統一。

簡單說，如果沒有「第三Y」，任何形式的「一X兩Y」都有其邏輯上的困境，不是有可能造成「一X」虛化，就是形成兩岸固定的「差序關係」。充分顧及兩岸現有立場、政治現實與未來目標的「一X三Y」是兩岸現在分治走向未來統一的一個過程，也正是兩岸和平發展期應有的政治定位。「第三Y」的治權之存在與治權擴大的過程，就是一種「統合」的過程。

為何以「兩岸統合」與「共同體」做為路徑

　　Integration 的定義可以很廣，經濟的高度相互依賴、文化的密度交流、人員的自由互動、政治的統一，都可以稱之為 Integration 的狀態，大陸將這個英文字翻譯為「一體化」，台灣方面有稱之為「整合」或「統合」。Community 這個字可以翻譯為「社群」，也可以譯為「共同體」。

　　為了清楚地表達概念，必須對每一個文字都有精確的定義。以下是作者長期對國際政治經濟研究所使用的定義：如果只是經濟、社會、文化的密切交流，可以稱之為「整合」，其所形成的結構為一個「社群」。因此，我們可以說在全球化與區域化的影響下，整個東亞地區的經濟已經開始「整合」，東亞地區已經形成了一個「社群」；也可以說，目前兩岸經濟、文化早已開始「整合」，一個兩岸的共同「社群」也已經開始成形與運作。

　　「統合」與「共同體」基本上是用在每一個成員均願意交出自己的部分主權與治權，成立一些對自己憲法或政策有約束力的超國家機構，從事共同治理。當今全世界能夠用這個定義形成的組織就是經由「歐洲統合」所形成的「歐洲共同體」。歐洲各成員國將部分主權與治權交付給歐洲共同體機構，形成一些超國家的組織與共同政策，例如理事會、歐洲議會、歐洲法院、共同農業政策、共同商業政策等等。

筆者所主張的「兩岸統合」,指兩岸在相關議題上以統合方式建立共同體的機制及形成共同政策。與「歐洲共同體」是每一個成員是以主權國家身分為基礎進行統合不同,「兩岸統合」是在「整個中國」這個由兩岸主權共有與共享的框架內開始進行統合。「歐洲共同體」是以追求主權共有與共享為目標,統一不是絕對的目標,是一種無時間性、無統一目標的統合方式。「兩岸統合」是在主權共有與共享為基礎的前提下,追求走向統一,是一種有目標、無時間性的統合。

透過「歐洲統合」所形成的「歐洲共同體」,目前的形態即是「一X28Y」,即在 27 個成員國間有 28 種治理的政府、制度或治理方式。第 28 個 Y 就是「一 X」的治理政府、制度或方式,其組織包括執委會、理事會、歐洲議會、歐洲法院,其政策包括共同農業、共同商業政策等等。未來的「兩岸共同體」或「中華共同體」,「一 X 三 Y」的「第三 Y」可以由兩岸共同成立的機構,或共同執行的政策來代表,簡單地說,「第三 Y」存在的目的在於執行代表「一 X」主權的「共同治理」。「第三 Y」機構愈多,執行層面愈廣,代表兩岸統合程度愈高,也離統一愈近。

爲何以「一中三憲」做爲政治定位

「一 X 三 Y」是一種兩岸政治定位與未來走向論述的基本模式,它可以「一中三制」、「一國三制」、「一中三治」、「一國三治」、「一中三府」、「一國三府」、「一中三區」、「一國三區」、「一中三席」、「一國三席」等等不同的名稱

出現，均可不失其原意，但是筆者在反覆思考後，決定用「一中三憲」。理由如下：

第一，為何用「一中」而非「一國」。雖然兩岸各有政治立場，但是 1912 年成立的中華民國與 1949 年成立的中華人民共和國均是兩個目前在國際上沒有消失的國家，雖然中華民國的國際正當性不夠強，但是它依然存在。由於兩岸目前的憲法均強調主權包含全中國，但是由於「一國」，即「一個國家」的用法難免會產生是指「哪一國」，是中華民國還是中華人民共和國。因此，使用「一中」，即「一個中國」較為適當。「一個中國」包括中華民國與中華人民共和國的領土與人民，主權涵蓋全中國。在筆者的論述中，由於「一個」不如「整個」來得更為精確，所以用「整個中國」（whole China）來取代「一個中國」（one China），只是在簡述時仍用「一中」為代表。

第二，為何用「三憲」而非「三治、三制、三府、三區、三席」。由於「三Ｙ」是屬於治權的描述。首先，兩岸目前治權的來源均來自於自己的憲法。在對外關係上，大國與小國的權力展現自然有不對稱的情形，例如聯合國五個常任理事國在安理會有否決權，一般會員國並沒有，只有在大會行使表決的權力。但是每一個國家均必須尊重他國的對內主權與治權。兩岸的情形也是一樣，在國際間，北京的權力大於台北，因此未來在國際參與上，北京自然會享受較台北更大的權力，但是在兩岸交往互動中，由於兩岸的治權基本都是來自於憲法，而非對方的憲法，因此兩岸可以在平等關係下互動。「（治權）平等（權力）不對稱」是不同憲法（國家、各邦或各州）間的必然現象。而「治、制、府、區、席」等用法，無法從文字上彰

顯兩岸是「平等不對稱」的關係，因此在「Y」的部分，不用「治、制、府、區、席」，而用「憲」來表示較為妥當。

其次，兩岸未來透過和平協定或其他協定所形成的共同規範、機制或政策，其位階一定高於兩岸的憲法。雖然在外表上並非有傳統憲法的外貌，但是其本質已經具備了「憲法」的內涵。舉例來說，2005 年的《歐洲憲法》並不是一個傳統的憲法，而只是眾多歐洲共同體條約的精簡再組合。如果雙方願意馬上統一，未來兩岸的「第三憲」當然可以是一部傳統的憲法，但是在目前的政治環境下，它更可能是一部包括所有有約束力的協定所組合而成的一部非成文憲法。從這一方面來說，使用「三憲」較之「三治、三制、三府、三席、三區」更為嚴謹與理想。

結語：做好論述準備

紀錄片拍完了，另一個更重要的工作即將開始。拍紀錄片只要有民間的熱情、資金、人才即可完成，但是未來兩岸和平協定、長久和平發展，甚而走向統一，就不是熱情的學者所能完成的了，而需要全體中華民族的知識菁英與政府參與才有可能。

汪道涵先生提出了「共同締造論」，這是一位睿智的長者對未來中國的偉大遺產。兩岸如何共同締造中國，絕對不是建立在誰吃掉誰，誰投降誰的假設。百年中國已經太多苦難，兄弟鬩牆不僅讓百姓骨肉相殘，更讓外國人看盡笑話、占盡便宜。兩岸分治已逾六十年，台海分隔也有百年的歷史，在兩岸

大交流的今日，我們更應以如臨深淵、如履薄冰的心情，謹慎
地處理兩岸關係。所謂「謹慎」，不是快慢的選擇，而是方法
與路徑的選擇要謹慎。

　　「一中三憲、兩岸統合」做為目前兩岸定位與未來走向的
方法與路徑，它既包含了目前兩岸和平發展期應有的政治定位
（一中三憲），也揭櫫了未來走向的路徑（統合方式）與目標
（當第三憲完全等於一中時）。透過「一中三憲、兩岸統合」，
兩岸應該可以用相互尊重、關懷與共同治理的方式，一起共同
締造未來的中國。

　　這是我們在製作完成《百年中國：迷悟之間》紀錄片後，
想與讀者分享的再一個心得，期望有識之士繼續探索、分享心
得、共同努力。

從中華文化解開兩岸核心問題的糾葛

西方知識體系不足以解決兩岸爭議

西方知識體系的國家主權觀

中華文化的「天下」與「統」觀

中華文化中「天下」與「國家」的關係

西方知識體系中的主權與治權

中華文化下的「主權」與「治權」

以中華文化思維處理兩岸爭議

西方知識體系不足以解決兩岸爭議

　　兩岸關係有兩大問題必須面對，一是兩岸的定位為何，一是兩岸未來走向如何。

　　如果從西方的政治學觀點來看，兩岸定位牽涉到主權的爭議，兩岸是相互主權獨立，只有一方擁有主權呢？或是主權相互重疊？從兩岸官方的立場來看，兩岸不是國與國的關係，因此我們稱「兩岸關係」，而非「兩國關係」，可是從表面看來，分明就是一邊的國名叫做中華民國，另一邊叫做中華人民共和國。雙方的人民都擁有自己國家的護照，國際間也把兩岸當成是兩國來對待。差別只在於，基於國際政治考量，大多數國家被迫捲入兩岸自家的立場之爭而只得選邊站，因而大多數國家不承認中華民國，但是卻基於其他考慮，也把台灣當成是一個國家來看待。

　　受到西方傳統國家與主權觀念影響的兩岸人民，因而在這個問題上困惑了。到底兩岸應該是個什麼樣的關係？我們一般會藉用血緣上的類比，將兩岸視為「兄弟關係」，但是「兄弟」兩字放在西方國際法或政治學的語彙中是不存在的。對於西方政治學而言，在法律上，兄弟也是相互獨立的法律個體，因此，「兄弟關係」只是一種政治上的特殊關係，例如美國與英國，但是這種「特殊關係」在國際法中可以是沒有特殊意義的。

　　在西方政治學的術語中，「統一」涉及主權，不論是合併或是併吞，都是主權的重組。「分離」也涉及主權，不論是分解或是分割，也是主權的再造。「維持現狀」自然就是不牽動

現有主權下的政治性互動安排。西方意義上的「統合」，例如
歐洲共同體，也涉及部分主權的重新安排。總而言之，在西方
文化裡，兩個政治體未來的走向，均涉及到如何處理主權問題。

　　毫無疑問的，兩岸現階段在以西方知識為重要主體的國際
社會中，特別是在國際法、國際關係此一領域，兩岸均接受了
西方知識的語彙，因此，我們也習慣於從「主權」、「國家」
等角度來談「統一」或「獨立」等問題。我們既然使用了這些
知識，那麼也就必然會接受其他的西方知識，以如何解決國際
問題的思維來解決兩岸的問題，因此，是否以武力解決主權，
是否以公投爭取主權，就成為解決兩岸問題的一些選擇了。

　　西方的知識不是不重要，但是如果純粹從西方的知識體系
來探索兩岸關係，並不容易為兩岸找到好的解決方案。撰寫本
文的目的，即在嘗試從中華文化的智慧出發，用中華文化的知
識體系來解開兩岸主權爭議的糾葛，從而為兩岸關係找到一條
出路。

西方知識體系的國家主權觀

　　所謂「主權」並不是個「先驗性」的概念，它是在歷史的
發展中經由政治的需要而被建構出來。

　　1648 年《西伐利亞條約》以後，這個地球上的政治體就
進入了一個以「民族國家」為主體的運作方式。英文 World
一詞指的是在這個地球上的「世界」，組成這個世界的政治體
的主體被選定為國家，而不再是教皇、自由城市或其他政治

體。所謂「國際關係」也是國家與國家間的關係。「主權」與「國家」間劃上了等號,即只有國家才有主權,擁有主權的才能稱得上完整的國家。

西方國際法形成於 1648 年《西伐利亞條約》,「國家」成為了國際法的主體。現代國家的一切基本要素都已在歐洲主要國家體現。國家對內擁有屬地和屬人的最高權,對外則堅持「絕對」、「至高無上」、「獨立」、「排他」、「平等」、「尊嚴」、不承認在其之上具有「最高權威」的存在。國家的「最高權威」是什麼?政治學者將它命名為「主權」。

隨著西方向全世界的擴張,「國家」等同於「主權」的概念普遍為全世界所接受,並成為國際法的重要部分。

由於「國家」與「主權」兩者為一體,因此,在西方知識的語彙中,「統一」與「獨立」涉及主權重組問題,兩者完全是「政治上」的事務與需要,沒有所謂「歷史目的論」的問題。「維護國家主權完整」、「爭取主權獨立」均為政治上的立場,或許有民族主義、意識形態的需要,但是並不是一個民族歷史文化記憶的一部分,這些「政治上」的立場,往往與領土、經濟、人口等有形的利益掛鉤,而成為遂行其政治目的的一種方式而已。

這也是為什麼「現實主義」一直是居於西方知識體系中的主流,政治人物思考與採行的首要手段。一個以追求或維護「絕對」、「至高無上」、「獨立」、「排他」性「主權」的國際社會,「權力」自然是必須引用的工具。所以,一個以主權國家為主體的世界,必然是一個權力政治的世界,也必然是一個崇尚強權即真理的世界。

從西方的知識體系中可知,在兩岸關係中,如果我們掉進

了主權的陷阱,就必然會接受「權力政治」做為解決爭議的選項。但如此一來,解決問題的希望就變得很渺茫了。因此,我們必須要捨此途徑,從中華文化中另尋他途。

中華文化的「天下」與「統」觀

我們現在常用的「世界」一詞並非傳統的中文語彙。「世界」一詞來源於佛經,據《楞嚴經》卷四載:世,即遷流之義;界,指方位。即於時間上有過去、現在、未來三世之遷流,空間上有東南西北、上下十方等定位場所之意。「世」為時間意,「界」為空間意,涵蓋了時間空間不可分隔的道理。

西方人所說的「世界」,中國傳統稱之為「天下」。西方的「世界」是由民族國家所組成,世界(國際)關係的主體是國家。而中國人所稱的「天下」的內涵卻蘊含更多的文化意涵。西方說「統一」指的是主權的統一,它只是政治的一種形態,「統」與「獨」皆可為選項,決定「統」或「獨」的關鍵是政治的力量。反觀中國人說「一統」表示的更多是某種歷史的目的論,以及倫理上的禮義之統,它基本上是傳統思想中的文化理想性的表現,而非僅是政治上的一種意識形態。不同於西方「統」、「獨」均為選項,「大一統」的歷史目的論卻是中國文化中一個獨特的現象。

兩岸中華文化為何會有「大一統」的傳統與認識,而沒有對「獨立」或「分離」的鼓勵。那是因為在中華文化傳統上,「一統」並非僅有政治上的意義,更多的是文化的內涵。中國

歷史一向對能夠守住中華文化給予高度肯定,而反對文化傳承的分裂,即使「分天下」也是為了要「爭天下」,因而「製造分裂」在中華文化上有著極為負面的意涵。

從字源的觀點來看,《說文》對「統」這個字的說法是「統,紀也」,「紀」的原始意涵為「絲耑」,也就是說,如果不能找到絲端的所在,則絲也抽不成了。因此,「紀」這個字早就發展至天文曆法中,如《尚書‧洪範》云「協用五紀」(正確使用五紀),五紀即指「歲、月、日、星辰、曆數」。

所謂「紀年」表示的是天命對人間的某種指引,在中華文化的歷史意義中,「紀年」並不只是一個消極的時間座標而已。更蘊含著某種「價值」性的成分因素在內。司馬遷說他作《史記》的第一個目的,乃是為了究天人之際。從這樣的說法可以看出一種特殊的歷史目的論。如果說紀年表達的是某種「天人的條貫」,那麼歷史顯然正是一條貫穿在人間與老天爺的呼應。透過此一人間條貫的展示,乃足以完成某種意義的「天命信仰」的回歸。換言之,歷史正是天命在人間的一種展示其自己的方式。

我們可以這麼說,「統」的第一個意思,其實就是相應於「天命」。因此,每一個皇帝都有自己的「紀年」,象徵著他開始接受「天命」的那一年(中國在漢武帝以前用帝王紀年,從即位年用元年、二年、三年……。從漢武帝到清末,用年號紀年;1911 年推翻帝制之後採用民國誕生時間來紀年,兼或使用西元紀年。1949 年中華人民共和國成立以後採用全世界通用的西元紀年)。

在中國文化中,另一個與「天命」有關的字就是「德」。這個「德」字並非後來所衍生「道德」的「德」。「德」這個

字中間的「目」（橫寫），其實就是上天的眼睛，「彳」為「走」
之意，因此「德」的古義為「上天到各處看看，有沒有違反天
意」之意。從周初開始，「德命」這一概念在中華文化中即有
其重要的位置，它意味著現實的政治權力必須根源於它所受有
的「天命」。如果為政者順應天命，那麼這個「天命」就會「轉」
至其身，這個「轉」的過程，稱之為「運」。當「天命」和「運」
結合在一起的時候，「統」就不是屬於哪一個人而一成不變的
了。它會隨著「天命」的移轉而「運」，得到這個運的人就可
以「創業垂統」。

　　「統」相應於「天命」，因此出現了「正統」與「閏統」
之分。前面已經提到「統，紀也」，「紀」又成為一個時間的
計算單位，「閏」這個字也是曆法中的概念與名詞（陰曆有「閏
月」）。相對於「正統」，「閏統」意為「偏而不正之統」。

　　儒家有「王霸之辨」，「正統」與「閏統」的差別即在於
王霸之別。王者之受有天命乃為「正統」，霸者之受有天命者，
則成「閏統」。我們從正閏之間看到了王霸的價值判斷，從中
亦可以看出，「統」這個概念有著道德、文化性的內涵，反而
與政治性並沒有什麼關係。換言之，古人所追求的「統」，並
非指政治上的統一，而是要在歷史中建構某種目的論的向度，
並在此一向度中，貫注道德性的內涵。

　　歐陽修的《正統辨》，為正統提出了原則性的說法。「統
天下而得其正，故繫正焉。統而不得其正者，猶弗統乎爾。繼
周而後，帝王自高其功德，自代統而得其正者，難乎其人哉」。
這表示，在中華文化的傳統上不是只是從權力的角度來談統，
「任德不任力」是對「統」得以為「正」的條件。這種「正統」

觀因而成為中華文化寶貴的傳統。

「正統」在中華文化中因此有兩個精髓，一是闡釋何時開始可以承統，另一則是統與正是不可分的，「大一統」與《公羊傳》所說的「大居正」兩者乃為一體。「爭正統」於是成為中國歷史上一個存在的現象。在討論這個問題時，要先回到「家」與「天下」的關係。

中華文化中「天下」與「國家」的關係

在周武王滅商之後的時代，運用禮樂規範，讓天下諸侯盡服膺於周天子。所謂「天下一家」意味周天子因為擁有天命，天下盡歸周天子。春秋期間，周天子儘管已經不再有政治影響力，但諸侯仍奉周天子為主，孔老夫子對於管仲維護這個體制即給予高度肯定：「管仲相桓公，霸諸侯，一匡天下，民到於今受其賜。微管仲，吾其被髮左衽矣。」在孔老夫子的眼中，如果沒有管仲堅守周禮，天命難保，文化終將盡失。

戰國末期周天子更形若虛設，七雄間相互征伐，大家都要求取天命所歸。秦王最後以武力獲勝統一。在中國文化上，這是從「天下一家」轉移到「家天下」的開始。不過，即使如此，「天下」這個概念並沒有消失。「爭天下」一詞仍是歷代英雄豪傑的自我期許，無論是討伐的檄文還是出師的宣告，均不離受天命而為之的訴求。

在「天下一家」的概念下，無論是春秋五霸還是戰國七雄，雖然它們也自稱為「國」，但是用現代西方政治學的標準來看，它們其實只是「政府」而已，它們擁有的都僅是「治權」，它

們爭取的是統治天下的治權。用中華文化來說，所謂的「主權」並不存在，「主權」仍舊屬於「天」。皇帝們自稱「天子」，亦即天之子，代天行使治權。《詩經‧小雅》所說的「普天之下，莫非王土；率土之濱，莫非王臣」，談的其實也是「王」統治土地與人民的「治權」而已。

古人說，天下一統，而不說國家一統，是有其深意的。顧亭林在其《日知錄》中稱「易姓改號，謂之亡國；仁義充塞，而至於率獸食人，人將相食，謂之亡天下。……是故知保天下，然後知保其國。保國者，其君其臣，肉食者謀之；保天下者，匹夫之賤，與有責焉耳矣」。顧炎武認為避免亡國乃廟堂人的責任，但不可亡天下則是所有人的責任。原因在於在傳統中國文化的理解中，國家只是個治權的政治性概念，天下則是一個文化性的概念。

秦漢以後，政治上「一統江湖」的「家天下」概念取代了文化上「天下一家」的概念。但是即使如此，《尚書》的「天視自我民視，天聽自我民聽」以及《孟子》「聞誅一夫紂矣，未聞弒君也」的民本思想，無疑給主張擁有「天命」的君王一計當頭棒喝。雖然儒家發展出來了治權所需要的「綱常說」（君君、臣臣、父父、子子），但是當其治理不符合天命的「德命」本義時，他們是會嚴厲批判的。而他們最好的批判工具就是警告皇帝「天命」將要開始轉向了。

在「天命」的概念下，天下不會永遠只屬於「一家」，如果倒行逆施，「天命」會轉。每一個開國的皇帝均認為天命已經轉到他這一家，因此，他即使消滅了前朝，但並不會否定前朝與天命的縱線關係。為前朝修史，一則為天命傳承，更重要

的是，可以透過對前朝的歷史書寫，鑑古知今，讓新朝天命得以恆常。

中華文化中這種天命延續、歷史傳承的認識與西方國家間的征伐有著不同的文化意涵。除了中華文化以外的其他文化區內，被消滅或併吞的政敵，其歷史也就結束了，征服者在不同的文化或歷史脈絡中重新書寫他所傳承的歷史。這也是為何中國可以延續從黃帝以降的中國歷史，而其他歷史上的偉大帝國卻早已灰飛煙滅而無接續者了的緣故。

「國家」在中國文化的意涵裡只是個行使治權的「朝代」而已。回顧中國歷史，由於王朝不斷更迭，形成與其他西方帝國不同的「二十五史」特色。放在今天的歷史來看，1911 年武昌起義，1912 年建立的中華民國，其實只是「中國」這個「天下」的一個「治權政府」或一個「朝代」而已，它與明、清朝代的意義完全一樣，差別僅在於治權上的皇權或共和。1912 年中國的「天命」從清朝轉移到了國民政府。1949 年成立的中華人民共和國政府，也是企圖接續民國政府「天命」的「治權政府」。

畢竟 1949 年渡海而至台灣的中華民國政府並沒有完全被消滅，蔣介石與蔣經國父子仍然力圖建設台灣、反攻大陸。在李登輝以前，從中國歷史的意義來說，台北並沒有放棄與北京「爭天下」，兩者均為「大一統」的信徒。在「真偽」、「正閏」之辨上，台北認為北京政府原是叛亂團體，信奉共產主義、摧殘中華文化，因而最多只是個「閏統」，台北才是「正統」。反之，北京認為國民政府民心已失、天命已絕，台北的中華民國只是一個落難的逃亡政權而已。

去年我們兩岸統合學會完成了一部紀錄片《百年中國：迷

悟之間》，回顧了從鴉片戰爭以後中華民族在追求現代化路徑過程、政治力量彼此互動征伐間的迷與悟。從中可以看到中國知識分子如何處理國家與天下問題時的不同態度。

努力於船堅炮利或維新變法是一群守舊知識分子對「國家」（清朝政權）存亡的盡力挽救，但是另一群知識分子則相信清朝的天命已走到盡頭，並需要武力革命才能救「天下」人。五四運動以後，中國到底要走何種路線才能救中國，這是一種路線與政府為誰的選擇。但是到了日本軍國主義入侵，中國知識分子，不分左派還是右派，均在蔣介石政府的領導下一致抗日，他們擔心日本人不只會讓中國「亡國」，也會讓中國「滅種」（即文化、道統的消失），前者是政權被擊敗，換日本人統治，後者是中國這個天下都亡了。因此，正如同顧炎武所說，「保天下者，匹夫有責」。八年浴血抗戰，就是在這種不要亡天下的概念下，全民風起雲湧一致抗日。

同樣的，日本人在殖民台灣期間所進行的皇民化運動，強迫台灣人民放棄中華文化的民間信仰、改信日本神道教並參拜神社，同時也要每日向日本天皇的居所膜拜，並要求台灣人改日本姓氏、說日本話，這就是一種「亡天下」，強迫台灣人「數典忘祖」的行為。

八年抗戰時「漢奸」為人民所唾棄，其原因即在於他是幫助日人亡中國的「天下」。「漢奸」與「貳臣」在中國文化中是有不同意涵的。明末清初，一些明朝遺老堅持不願在清朝為官，以守「不貳臣」的道德。但是清入關後，立刻主動進入中華文化圈，以政權的傳承者自居，亦即進入中國的「天下」，成為中華文化的一員。在文化意義上說，一些所謂的「貳臣」

只不過是服務了不同的治權機構，而非背離「天下」。反之，「漢奸」則是企圖消滅「天下」的幫凶，兩者在文化價值判斷上的差異因而特別顯著。

回顧中國歷史，在認知上，西方政治學所說的「國家」，在中華文化中其實只是「朝代」或「政府」。西方所謂的「主權」概念在中國是不存在的，西方所說的「主權」比較像是中國文化所說的「治權」。中國文化裡面有的是「天下」，而這個又是西方社會裡面比較陌生的。

行文至此，可以瞭解，中國人追求所謂的「大一統」，不是西方「主權」意涵上的「統一」。中國文化中的「大一統」有強調「天人一體觀」，即王權受命於天命，為政者應順天應人，也有強調社會有秩序的「綱常觀」，在古代將其視為維持社會「仁義禮樂」的「大居正」。用現代的話語來說，追求「大一統」，就是追求一個以民為本、人民可以安居樂業的社會，這個社會，按照《禮記‧禮運》「三世」的說法，以大同世界為依歸。

請問一下，如果「大一統」是這樣的定義，兩岸有誰還有理由去反對呢？

兩岸都是中華文化的一員，內戰造成兩岸分治。依照中華文明的歷史來說，兩岸目前是處在治權分立的情況下，兩者均仍是中國的一部分。從人民的角度看，其實應該鼓勵雙方「爭天下」，更鼓勵雙方「爭正統」，爭誰是「任德不任力」的「正統」，也就是鼓勵雙方去爭哪一個政府有「德」，爭誰才能為人民創造更多的幸福，當然，人民永遠不會希望這種「爭」是透過武力為之就是了。

西方知識體系中的主權與治權

本文第二部分，討論一下兩岸應該如何看待主權與治權的問題。

我們先來看看西方為何要強調「主權」，為何要給予「主權排他性」的內涵。17 世紀起，西方發展出了「民族國家」的概念，不承認「國家以上有更高的權威」。對象指的就是教皇。從歷史來看，「主權」最早是君王們拿來對抗教皇的說法，也是君王用來做為排斥教皇管轄的論述。

這個時候「主權」屬於誰？表面上是屬於國家，實質上卻是屬於君王。「朕即國家」是王權時代的觀點。因此，人民被迫上戰場的理由很多，不只是因為領土主權受損，包括不滿意對方的繼承人選，都可以引發戰爭。簡單地說，君王的利益受損就是「主權」利益受損。是否利益受損則由君王來判定。

隨著民主政治的發展，西方政治學接收了誰擁有「主權」的定義。「主權在民」說，使得主權從君王所獨有的情形轉移到屬於人民。「主權在民」這個概念旋即出現在各種民主政治的論述中。人民以「主權在民」排除了君王的權力。

從這一連串的歷史發展可以看出，「主權」其實可以解釋為一個「所有權」的概念。最早時，君王認為國家是他所有，因此教皇不可以拿走，到了民權時代，人民認為主權是人民所有，君王不能拿走。但是個別的人民並不是一個有組織的團體，如何能夠捍衛其主權呢？於是有了選舉制度這個東西。人

民透過選舉,將行使主權的權利(力)交給政府,由政府來行使人民的主權。

政府行使人民主權就產生了另一個概念,即「治權」,我們可以用「管理權」來界定。在君權時代,主權與治權均為一體,但是到了民權時代,主權與治權分開了。人民有主權,政府有治權。在對外時,人民與政府均為國家的組成分子,因此,國家享有主權,也包含了治權。

「主權」等於「所有權」,「治權」同一於「管理權」。有了這兩個概念,我們就可以比較清楚地討論兩岸間的主權與治權問題了。

中華文化下的「主權」與「治權」

如果我們認為自己還是炎黃子孫,也願意以中華文化做為文化的主體,那麼我們就都擁有「中國」(傳統稱之為「天下」)的所有權,同樣的,我們也是屬於「中國」所有。目前兩岸的分治只是「管理權」的範圍不同。但是如果在台北的中華民國要修改自己的史觀,推行所謂以「殖民史觀」為基礎的「分離史觀」,認為台灣與中國大陸的歷史源頭不一,那麼就等於台灣想自外於中國這個傳統的「天下」,如此一來當然也就沒有「爭天下」或「爭正統」的問題。

果真如此,那麼傳統中華文化定義的「一統」就不再適用兩岸,兩岸將進入西方文化話語中的「國家」與「國家」之間的關係,兩岸兄弟關係將變成主權國家與主權國家之間的關係。雙方將不再是「道統」或「正統」之爭,而是「權力」之

爭。中國大陸的權力大（包括軍事或經濟力量），那麼台灣就
被統一，台灣權力強（包括可從外界借來的權力，例如美國），
就走向台獨。冷戰以後，這種西方式的「統獨之爭」經常發生。
「統獨」或「分合」純粹基於各自利益考量，如果雙方同意，
就像捷克與斯洛伐克，可以各自成為獨立國家，如果雙方不同
意，就是戰爭的開始，例如南斯拉夫、車臣等地區即是。

　　寫這一段是提醒主張「台獨」或「獨台」者，第一，當切
斷與中國歷史與文化的關聯時，就進入了中華文化中最不被容
許的範疇，政權的正當性因而會被所有中華民族所否定，災難
自然難免。第二，自我從中國這個「天下」中放逐，其實是為
自己創造了一個極為不利的局面。當自我陷入一個以西方遊戲
規則為依歸的國際社會時，「權力」就變成了「台獨」或「獨
台」能夠成功的唯一憑藉，另外就是北京是否會同意讓台灣脫
離中國這個「天下」的意願了。

　　當台灣選擇走向台獨或獨台時，它也等於失去了擁有「中
國」的話語權及「所有權」。因此，目前在台北故宮博物院於
1949 年以前所得到的東西必須交還給中國大陸，因為那些文
物是屬於「中國」這個天下的。台灣也沒有任何法律權利再宣
稱擁有釣魚台的主權，因為那是在中國明代時納入中國的版
圖。同樣的，台灣也沒有權利再主張擁有南海諸島的主權，因
為那是中國自古以來漁民的活動地區，在 1934 年由中華民國
政府所公布的。

　　反之，如果中華民國堅持自己的憲法，忠實於自己的歷
史，那麼兩岸目前對於中國（天下）的所有權就是重疊的，中
國（天下）不是屬於海峽兩岸哪一個政府的，也不容許哪一個

政府獨占,中國是屬於兩岸全體人民所擁有與享有。兩岸政府所享有的只是就自己擁有土地與人口的「管轄權」而已。

在這個概念下,兩岸故宮博物院裡面的文物是屬於中國,也是兩岸全體人民的,只是北京政府負責管轄在大陸的故宮文物,台北政府負責管轄在台灣的故宮文物。

我在本書第七篇〈異化的史觀與認同〉(《中國評論》,2012 年 4 月號,總第 172 期)一開頭時提及,我曾經問過台灣的同學:李白是中國詩人,還是我國詩人。當時同學們均難以回答。瞭解了主權等於所有權、治權等於管轄權這個概念後,我們就可以說唐朝只是中國的一個朝代,而不是一個單獨的「唐帝國」(用漢帝國、唐帝國、宋帝國、元帝國、明帝國、清帝國等表述方式,都是西方主權國家思維下的認定),那麼,我們可以很清楚的回答:李白是唐朝的詩人,是中國的詩人,也是我國的詩人。這樣的表述也同樣適用於大陸的同學。台灣與大陸同學不同的地方只在於,一個接受在台北中華民國政府的治理,一個接受北京中華人民共和國政府的管轄。

以中華文化思維處理兩岸爭議

討論完了這些基本的概念,希望為兩岸解決問題提供一些突破思考的助益。

目前在思考兩岸關係時,兩岸均不可避免地借用了許多西方的文化話語思維來敘述或處理兩岸關係。例如,北京堅持中國主權的完整性,但也強調主權的唯一性與排他性,台北則強調中華民國是個主權獨立的國家。大陸將「統一」視為是主權

的復歸統一，台北方面則表示，統獨均可能是選項，如果要統一也只能是兩岸主權的相加。

兩岸在理解上，都將主權與治權混在一起思考了。但如果我們放在中國傳統這個天下的概念下來界定，則兩岸目前都是一中憲法，都主張其主權涵蓋全中國，就是主張中國是其所有權，也等於主張它是屬於中國。目前要做的是彼此相互確認的一個過程，而不是台北方面主張的「主權互不承認」，或北京方面主張「不承認中華民國主權」。兩岸應該進行的是一個「主權宣示」重疊的過程。雙方共同接受「中國」的所有權是雙方的，也同意雙方均為「中國」這個天下的所有物。

為了避免西方的主權文字引發誤解的聯想，兩岸未來在簽署和平協議（定）時，不需要出現「主權相互承認」（用西方的觀點等於是主張兩國論）或「主權相互重疊」的用語，而是可以用「共同確保整個中國主權與領土的完整」，亦即「確保整個中國所有權的完整」之意或「承諾不分裂整個中國」，亦即「承認不分裂整個中國的所有權」之意（請參考本人所擬「兩岸和平發展基礎協定草案」，〈兩岸統合的實踐〉，《中國評論》，2010 年 6 月號，總第 150 期）。

在有關治權，即管轄權方面，兩岸應該共同尊重彼此在現有領域內的管轄權，正如同彼此尊重對方在故宮文物上的管轄權一樣的道理。兩岸目前的治權均是來自於各自的憲法，這是一個不可否認的歷史產物，也不需要去否定它。

春秋時期，齊國是大國，宋國是小國，但是在周天子面前，他們地位是均等的，春秋五霸與戰國七雄之間，大國與小國（也就是大政府與小政府）雖然權力不對稱，但是地位平等。大家

均可以爭天下，均有機會爭正統，沒有誰屬於誰的情形。

追求「大一統」是中國文化的一部分。用現代的話語來說，追求文化、制度的統一是中華文化與追求「武力統一」（併吞）的西方文明不同的部分。雖然在古代追求統一的過程中，訴求的方式常常還是武力，但是目的卻是要符合「天命」，即讓人民有好日子過。

今天已經是 21 世紀，我們可以肯定「大一統」的歷史文化意義，但是也要提醒兩岸人民，是否可以不要再用武力，而改用和平的方式來追求「大一統」。

第一個方法是雙方進行一種「爭正統」的努力，看看哪一個制度與管理方式可以為人民帶來最大的滿足與幸福。第二個方法則是雙方開始共同為「大一統」而努力，即在相關領域可以先建立共同體或共同治理的機制，彼此可以貢獻自己的優勢，共同為兩岸人民服務。這個方法即是政治學所稱的「統合」。

這兩個方法是可以並行不悖的。兩岸政府在整個中國的架構下，自己努力與共同努力向人民展現一個最具有「德」的政府，一個可以承接天命的「正統」政府。

我們長期主張的「一中三憲、兩岸統合」就是在這樣的思維下建構出來的。目前兩岸有兩部各自為政的憲法，它們的存在，一方面是確定自己的管轄權內容與範圍，另一方面也確保了自己對整個中國的所有權。當兩岸簽署和平協議確定保證不分裂整個中國，或共同維護整個中國的主權與領土完整時，一個「天下」的概念就開始具體成形了，也等於讓兩岸離開了西方傳統國與國的主權思維。這個「天下」如何行使它的權力，那就是透過未來眾多的兩岸協定或成立的機構。

　　從第一、二憲過渡到第三憲的過程，所憑藉的就是兩岸的統合。透過兩岸交流，相互影響、學習、共同治理或成立共同體，雙方政府也有壓力把最好的制度賦予人民。在過程中，兩岸有責任共同維護整個中國的所有權，因此，兩岸共同維護中華民族在南海的利益，也是再自然不過的道理了。

　　做為中國人，審視中華文化，我們必須用自己文化的方式來追求未來。西方的東西當然不是一文不值，在這個以西方論述為主的國際社會，我們難免還是要藉助他們的話語，但是，不要從根本上接收他們的所有觀點，兩岸關係更需如此。

　　當我們困惑時，或許可以試著從自己的歷史經驗找尋方法，此即為本文寫作的目的，提供大家一起思考。

剝復之間：兩岸核心問題探索

作　　　者／張亞中
出　版　者／台灣大學政治學系兩岸暨區域統合研究中心
　　　　　　兩岸統合學會
合作出版／中國評論學術出版社
出　版　商／生智文化事業有限公司
發　行　人／葉忠賢
地　　　址／新北市深坑區北深路三段 258 號 8 樓
電　　　話／(02)26647780
傳　　　真／(02)26647633
　E - mail ／service@ycrc.com.tw
網　　　址／www.ycrc.com.tw
印　　　刷／科樂印刷事業股份有限公司
　I S B N ／978-986-5960-01-8
初版一刷／2012 年 7 月
定　　　價／新臺幣 280 元

總 經 銷／揚智文化事業股份有限公司
地　　　址／新北市深坑區北深路三段 260 號 8 樓
電　　　話／(02)86626826
傳　　　真／(02)26647633

國家圖書館出版品預行編目（CIP）資料

剝復之間：兩岸核心問題探索／張亞中著. --
初版. -- 新北市：生智, 2012.07
面； 公分. --（亞太研究系列）（兩岸
和平發展研究系列）

ISBN　978-986-5960-01-8（平裝）

1. 兩岸關係 2.文集

573.09　　　　　　　　　　　101011515